La belleza es verdad y la verdad belleza.
Es todo lo que necesitas saber en la tierra.

John Keats

Senté
a la belleza
para injuriarla,
pero ebria y sorda se ha dormido
en mis rodillas.

Tomás Salvador González

© Carlos León, 2025

Edición al cuidado de César Sanz (Editorial Difácil)

Dirección editorial:	Héctor Escobar
Director de la colección:	Gustavo Martín Garzo
Fotografía de cubierta:	José Ramón Vega
Diseño de la colección:	Miguel Riera
Maquetación:	Alberto R. Torices

ISBN: 979-13-87753-58-0

Dep. Legal: Le. 479-2025

Impreso en España — Printed in Spain

Carlos León
La belleza del pintar

Carlos León

La belleza del **pintar**

EOLAS EDICIONES

ÍNDICE

9

EL PEQUEÑO ESPLENDOR

Aguacero, relámpagos… La lluvia densa e impetuosa que estuvo cayendo durante horas ha dado paso a un atardecer de nubes que corren veloces, algo andrajosas, entre claros de luz.

Azul redimido en olor de tempestad. Azufrado.

La atmósfera húmeda, muy oxigenada, envuelve el paisaje, ahora pletórico de verdor renovado, y parece aventar también el cerebro.

Qué emoción una tarde como esta en que Perséfone asciende como savia, prometiendo vida, abundancia y retorno.

Secreta sangre. Savia en ascenso. Surco que sabe subir. Sueño. Sombra. Sustancia. Sed de ser.

Las sucias azucenas de rencor no resuelto, amargas adelfas de la derrota, narcisos del miedo a la caída, claveles mudos de la traición, lilas del desdén, amapolas del desamparo... Hay un jardín de cieno y niebla: el del hombre que ha encontrado su pan cubierto de un humo mal curado, de moho de mal augurio; el de la mujer que perdió con un hilo de sangre el rastro de su niñez. Jardín roto, cifrado previamente. El rostro enemigo, reaparecido en aquel día de verbena, al anochecer.

Dar tarikit tarikat dice un proverbio sufí: «En la tiniebla, la iluminación».

Cuántas veces he perseguido esa fosforescencia al abrir un recipiente lleno de abundante pintura negra. De un negro de huesos, de humo, de viñas. Para un oficio de tinieblas precristiano. Eleusino. Mistérico. Griego. Arcaico. Gozoso y excesivo.

Escucho a Carlo Gesualdo. Asesino. Creyente. Músico inspirado.

Con los días de la nueva estación, Perséfone se muestra en las yemas rezumantes que van pujando en cada rama. Son los mejores días para pintar como yo lo concibo, como un derrame, una hemorragia sacrificial, una ofrenda del color, significante, que dicta lo insondable y conduce la mano que fue tomando, durante tanto tiempo, nota de las geometrías ocultas del existir.

Toda creación artística constituye, en mayor o menor medida, una velada suerte de traducción; se desplaza de un lenguaje *anterior* a otro *actual* y recoge un material cargado de irracionalidad, de subjetividad, de memoria, de experiencias y pulsiones contradictorias que, tras un proceso complejo y difícilmente explicable, reaparece transmutado en objeto de conocimiento.

Mientras se entrega a sus tareas, el pintor sabe que miente, que cuanto produce es simulacro. Abre surcos en los que solo siembra sombra y dudas. Desea y destruye. Sutura la herida, pero provoca desgarros nuevos. Rasga y cose. Vierte depósitos de luz sucia. Inaugura vertederos de insomnio. A veces, solo a veces, una Luz poderosa se derrama sobre sus manos… y entonces sus afanes cobran vida y dan a Luz eso cuya contemplación nos turba tanto.

En otoño de 1972 viajé a París por primera vez con la intención de quedarme a vivir allí. Durante el trayecto en tren leí en un periódico que el Grand Palais inauguraba la primera gran exposición de Barnett Newman en Europa.

Al llegar a París, tras dejar la maleta a buen recaudo, me fui a ver la exposición. Puedo recordar con todo detalle la impresión que aquel encuentro me produjo. Lo que en griego antiguo llamaban *hapax*, un momento de revelación, un trance íntimo convertido en rito de paso destinado a alterar el rumbo de mis búsquedas de artista veinteañero.

Vastas lonas crudas de gran formato sobre las que se inscribían barras verticales, zips, simetrías secretas, campos de color de medidas dictadas por la intuición o por cálculos cabalísticos, colores insólitos sin relación con el color histórico conocido por mí. Un nuevo espacio pictórico, una ruptura radical con cuanto se había hecho hasta entonces, pero tan profunda que no hacía ruido. Nunca olvidaré el silencio de aquellas salas.

Así fue mi primer contacto con el expresionismo abstracto, que conocía solo por fotos. Y quizás también mi primera incursión en el territorio del arte contemporáneo internacional.

Hoy releo, en el texto que escribió Thomas B. Hess para el catálogo, la siguiente nota: «Barnett Newman ha muerto en el primer día del mes de Tammuz, en las primeras horas de la mañana, con luna llena, pasando de la noche profunda a la más profunda de las noches». Esto ocurría el 4 de julio de 1970.

Escapa a menudo mi mente a ese continente prodigioso al que llamo *Háfrika*. Lo escribo así, con la h aspirada de sus lenguas más habladas, y la k tan presente en sus dialectos escritos. El potente animismo de sus culturas primigenias se apropia cada vez más de mi forma de experimentar el más obscuro modo de afrontar ciertos misterios de mi existencia.

Una vieja voluntad de ver vuelve ahora trayendo ante mis ojos el Ánima de cuanto la mirada capta. Y todo cuanto veo es percibido simultáneamente por el resto de los sentidos.

Háfrika es el continente de la humanidad inmersa en lo sagrado, en cuanto palpita. Lo intenso, excesivo, real y en el límite. Lo humanamente inabarcable.

Lo atroz de su historia nos mancha. Su civilización, mil veces violada por la nuestra, nos revela y devuelve la imagen de lo peor de nosotros mismos. Nuestra blancura es una insoportable mentira. Nuestro más imperdonable pecado.

La brutal belleza de *Háfrika* nos exige el denario del miedo. Su precio nos mide.

El espectáculo de su inmensa fuerza es sidéreo, y su arte inspiró buena parte de nuestras más sofisticadas producciones.

Trato, sin mayores pretensiones, de *descolonizar* su nombre.

El fuego, por sus brasas y cenizas, fue la primera herramienta del pintor. El carboncillo y el hollín de quemar huesos no faltaron desde entonces en su equipaje. Después apareció el color conjurado por una pulsión generada en la esencia de la carnalidad y el pensamiento poético.

El color se erige entonces como el verdadero sujeto de la pintura. Y la Luz se convierte en su hostia, en su alimento místico.

Tal como como nos recuerda Roberto Calasso en su hermoso libro sobre Grecia, el Monstruo es el padre secreto del Héroe... Lo que me lleva a reconocer, en ciertos momentos, que hay algo bellamente monstruoso en el hecho artístico, y cabría añadir la constatación de que la parte monstruosa que corresponde a la Pintura es la de ser madre candente de la fuerza que trata de afrontar la obviedad de la Muerte.

Ni la materia más encriptada y densa de la memoria ni el analgésico del tiempo ni el helado bálsamo del olvido... Nada pudo aportar cura ni alivio a la Herida Inaugural, la recibida antes de que el ser dispusiese del habla.

A aquel primer dolor sin más respuesta que el alarido, a esa respuesta preterida, es a lo que llamamos Arte.

La Herida es el lugar. En ese surco humeante tuvo lugar la fecundación. Fue esa la fuente en la que el boceto de un ser fue encarnado.

¿Por qué Francis Bacon llegó a pintar como pintaba y lo que pintaba? ¿Y por qué Jean-Michel Basquiat llegó a ser un extraordinario pintor? ¿Por qué Philip Guston, tras toda una vida de creación solvente, elige embarcarse en la aventura existencial de su última etapa? ¿Por qué nuestros Manuel Millares o Luis Gordillo supieron construir unos campos de creación tan insondables como los que tan claramente los identifican?

Creemos saber algunas cosas de ellos, y de otros muchos… pero desconocemos lo esencial: que aquello que de verdad configura a un ser humano como artista contiene un escenario tan trágico como extraordinario.

El Daimon de los griegos, la Gracia de los cristianos, el Duende de los flamencos… ¿de dónde vienen?

Quienes ven lo hacen gracias a la Luz. Herida y Luz, ese es el binomio cuando hablamos del pintar. Y penetrar en el campo de lo herido antorcha en mano es la actitud.

Romper la Noche, plantar cara a la Muerte, beber Luz. Pintar en plena noche. Abrir la puerta de la claridad. Alimentar la Belleza, el más voraz y necesario de los monstruos en permanente mutación. Nunca inmóvil. Siempre retando nuestra capacidad de comprensión.

Los pintores de las cavernas utilizaban pigmentos minerales, a menudo tóxicos. Y también el hollín. Pintaban con sangre, frecuentemente. O se servían de los jugos de las plantas para teñir pieles o textiles.

En aquellas oquedades no faltaba la música. Con osamentas de toda clase de animales, piedras labradas, vegetales o tendones curtidos producían flautas, silbatos, crótalos, instrumentos de roce o percusión, bramaderas...

Sobre el esqueleto del cuello de una muchacha fue hallada una hilatura de fino cuero que sostenía una flauta de hueso de cisne; sobre los costillares de un grupo de guerreros silbatos hechos con huesos de buitre.

Lo cuento, y no sé bien por qué, mientras la lluvia de la tarde se espesa alrededor de la nave en que vivo y, al fundirse con la penumbra, parece convertirla en un antro flotante, sin edad ni destino en el que descanso de mi diario cuerpo a cuerpo con la pintura y con la vida.

No tan lejos, se oyen aullidos. Y resuena sobre la techumbre un percutir ritmado cuyo origen no acierto a descubrir: eran los pájaros picoteando en busca de algo que comer.

Me asomo y es noche cerrada. Pienso en que así comenzará, algún día, la tan nombrada «noche de los tiempos».

El arte es la piel con que se intenta recubrir el cuerpo, algo desgastado, de lo que consideramos la realidad. Se trata de una piel artificial, claro, una piel-simulacro, una nata inducida. Vestido hecho de vida, tejido que late. Por su espesor corre la sangre y viaja el pensamiento. Los hilos de su urdimbre son de la sustancia del Deseo. Los de su trama tienen su origen en la Angustia del existir. Juntos producen una Luz potente que no siempre somos capaces de comprender o soportar, y a cuyo calor nuestras vidas mejoran. Ayudados por ella leemos y amamos, elevándonos, un poco al menos, por encima de lo ordinario.

Los artistas, en esa insensatez congénita que los configura como tales, se entregan, como el loco se entrega a su delirio, a la construcción de una especie de quimera: esa capa de carne reinventada con la que el ser se abriga cuando siente la tentación de lo trascendente, de lo sagrado. Su trabajo aspira a lo sublime y sus resultados tienen siempre algo de monstruoso.

Los artistas son perdonados porque, en el fondo, «no saben lo que hacen». Su infierno es la ejecución de su obra, su premio lo mismo.

El artista es poco más que ese tonto del pueblo que aparece en la plaza mostrando algo raro y asombroso que ha encontrado en el campo: el pájaro nunca visto, una piedra de origen desconocido, la flor aterradora, el sapo de irresistible belleza.

Luciferino viene de Lucifer, el que porta la Luz, etimológicamente hablando. Es la versión latina de Fósforo, otra forma de nombrar al demonio, esta vez a partir de la lengua griega, que conjuga también lo luminoso y lo fosfórico.

A veces he hablado de la pintura como «delirio fosforescente».

Delirio viene de «lira», que en latín significa, entre otras cosas, «surco». De ahí que el delirio sea un desbordar el surco, un salirse de él. Y dado que el surco es lo que va grabando el arado sobre la tierra, y que la palabra con la que se nombra la reja del arado, la pieza de hierro que penetra en el suelo, es en muchos idiomas, una forma de nombrar al miembro viril, la palabra delirio vendría a significar, y a mostrarnos, aquello que escapa al dictado del padre, es decir, a la instancia legislativa patriarcal.

Disfruto eligiendo, transportando, juntando y separando objetos.

Prefiero siempre los más deteriorados, aquellos más fatigados por una existencia expuesta a agresiones de todo tipo, los que perdieron el rastro de la razón para la que fueron creados.

Encuentro en estos procesos, cada vez con más frecuencia, el reflejo de mi propio ser. Veo la chatarra como una metáfora de mí mismo. El óxido me representa. Las abolladuras forman parte de mi flaco patrimonio. Aplastamientos, torsiones, desgarros, cortes, despieces… dan cuenta de lo que es la vida. De afanes, intemperies y derrotas.

También en la supervivencia de una pieza que aún guarda la compostura, en el brillo que emerge tras de una costra de óxido, en la resistencia de un engranaje, tengo la confirmación de que a menudo, contra todo pronóstico, hemos logrado victorias y gozado de momentos de ese «pequeño esplendor» que tanto aprecio.

Evoco con cierta frecuencia, en el momento de ponerme a pintar —pues entro para ello en acción, audaz y temeroso a un tiempo—, un recuerdo lejano: unos gitanos se metían, con sus caballos, en las aguas de un río. Hombres y bestias compartían los goces del baño, las alegrías y precauciones de la inmersión y de la desnudez. Risas, zozobras, sorpresas... también algún obscuro temor.

Pinto como el gitano acostumbrado a vivir en peligro, mis caballos son las ideas que inician el galope mental. Como cuando, de adolescente, montaba a pelo, sintiendo la realidad de algo más fuerte que yo y que, sin embargo, me obedecía.

Montar, entrar a caballo en aguas cuya profundidad desconocemos. Y mirar también hacia arriba, como preguntando por el origen celeste del agua, por la razón de su fuerza. Y por su extraña condición de disponer de un único movimiento como lo es el de ir siempre hacia abajo. El de su permanente descenso.

Agua, caballos. Ideas, pulsiones,

Nunca renuncié, al emprender la ejecución de un cuadro, al logro de una cierta aproximación a aquello que algunos seguimos considerando misterioso e inalcanzable, a todo cuanto consigue escapar a cualquier intento de análisis desde el punto de vista de lo racional. Siempre he dejado la puerta abierta a la aparición de ese fenómeno mayor que reconocemos como belleza. Aun sin encontrar para ella una definición solvente, aun sin saber de ella gran cosa, a no ser su constante actividad cambiante, determinada por cuanto hay de metamorfosis en aquello que consideramos la realidad diaria en la que se nos muestra el devenir del universo.

Hay un poso de violencia en toda manifestación de Belleza, porque procede de los dominios de lo secreto que se resiste a ser revelado, de los lugares del deseo y de la sexualidad. Y de todo aquello que la existencia contiene de sangriento.

Transportamos en nuestro pecho un poderoso pez que nada en sangre; nuestro cerebro es un pálido engendro alimentado por ejércitos de delgadísimas venas. Pensamos y amamos sobre torrentes de sangre.

El proceso de creación es una suerte de hemorragia.

La sangre contiene Luz.

La Luz permite el Ser.

Inventamos la penumbra y la música simultáneamente.

Inventamos la pintura a la vez que la sombra.

Inventamos la escritura en la fría angustia de las auroras.

Suelo procurarme el abrazo de esos momentos que llamo epifanías menores y encuentro en los goces presididos por el sencillo esplendor de un soplo de gracia y lucidez. Los prefiero a esas grandes experiencias cuya búsqueda demanda ingentes cantidades de energía. Disfruto más, en general, de las aventuras del espíritu que permanecen en un ámbito de talla humana, de una inteligencia de lo sublime que no trata de superar lo abarcable y de un amor por lo extraordinario dentro de lo esencial.

Me emocionó ver a Gustav Leonhardt tocar el clave con el abrigo puesto, durante una tristísima tarde de invierno, en la penumbra de una pequeña y fría iglesia segoviana… más de lo que podría emocionarme ver a Karajan al frente de su megaorquesta.

Una simiente luminosa, luciérnaga en celo, ha sido depositada en lo más caliente de la llaga. Una gavilla de ramas mojadas resiste al avance de las llamaradas de la impaciencia. Unos miembros ateridos, junto a los frascos del yodo y las gasas, parecen rezar. En silencio, cercano, el cirujano aguarda. Gomas, cánulas, émbolos, agujas y cauterios. Bisturíes. Hilo de coser. Las vendas, las torundas, los lienzos, las jeringas y el azul de metileno. La pomada violeta de genciana. El yodo. El indescriptible color del yodo.

Nunca entendí bien qué era eso del perdón. Nunca comprendí en qué consistía ese extraño proceso. ¿Se trataba de olvidar? Olvidar no es volitivo. No se olvida nada por quererlo olvidar. Yo tengo una excelente memoria de todo el dolor que la mala voluntad de algún enemigo me ha hecho padecer.

Una herida no se cierra porque uno lo desee. ¿Entonces?

Donde no hay perdón queda el rencor, tan necesario a veces para disponer del calor y la protección que nos depara. El rencor es un delicado abrigo frente a nuevas heridas o sufrimientos que, perpetrados por otros, podrían alcanzarnos.

El rencor es una flor, un amigo atento, un meticuloso aliado. Y es un eficaz combustible, una fuente de energía que aporta lo necesario para sobrevivir y la cautela imprescindible para no llevarse a engaño de nuevo. El rencor es maestro. Sabe y muestra cómo articular las fuerzas indispensables para mantenerse fuera del alcance de la repetición de errores. Creo, sencillamente, que el rencor, como cualquier otra herramienta, no es en sí algo que podamos considerar bueno o malo, sino algo que podemos utilizar bien o mal.

De adolescente, casi aún niño, descubrí en la *Biblia* un texto que me sacudió en lo más profundo. Fue mi primer contacto con *otra* literatura. Se trataba del *Eclesiastés*. Su amarga y poderosa luz aún hoy me conmueve.

Siendo la *Biblia* un conglomerado de relatos de gentes del desierto, de pastores seminómadas devastados por la permanencia en la ortodoxia de una fe abrasiva y en el empeño de una difícil fidelidad con un Dios celoso, vengativo y arbitrario, este libro parecía generado en otro Lugar.

Años después, la lectura de Rainer María Rilke me condujo de nuevo a aquel viejo libro y comprendí que, tanto en la vida como en la literatura, existen redes tejidas a base de insospechados puntos de contacto que nos proporcionan cuanto necesitamos para intentar elevarnos, de vez en cuando, por encima de las mohosas migas del pan de cada día.

Hace un par de semanas, descorché una botella de esa obra de arte bebible que se produce en ciertas bodegas andaluzas y que allí llaman «palo cortado». Al beberlo pensé: así es el arte y así es la poesía, el fruto incestuoso de la inspiración y el accidente. O del saber y el azar. De la maestría y el percance.

Llamamos a veces sagrado a eso que no logramos comprender y sentimos como sobrehumano, sin darnos cuenta de que el dios que lo sacraliza fermenta en lo hondo de cuanto existe. La mejor literatura es la que huele a antigua y sabe moderna. Como la mejor pintura.

Leer el *Eclesiastés* o un texto de Esquilo o un poema de Rilke alimentan nuestro entusiasmo desde todos los registros de lo humano… Y es precisamente lo humano, con su poso de angustia y su sed de trascendencia, lo que evoca al dios y crea lo Sagrado como posible pareja de la Belleza.

Visitar ruinas es sembrar.

Hacer las maletas es adquirir futuro.

Toda despedida de un Lugar deja una sombra que se tiñe de púrpura. Sombra húmeda. Sangre coagulada. Granadas reventando sobre los mármoles del Hades.

De carne y de cortezas. De muros y disparos. Atravesamos soledades sobre caballos cansados. Y, si gritásemos, solo atraeríamos la ira de quienes odian el ruido de los viajeros.

Tras unas tapias de adobe, bellamente manchadas del hollín de una fogata, aprendí cosas importantes. Superficies de barro. Puertas arrumbadas, pintadas a veces de colores a los que la exposición a los meteoros habría vuelto inefables. Contraventanas fuera de quicio. Yesos. Pizarras trabajadas para tempranos aprendizajes. Salitre y humo. Algún paquete de pigmentos cubiertos de polvo... Herramientas primeras para un niño que iba para pintor.

Vendrán después los descubrimientos: frescos de las penumbras eclesiales que representaban paraísos de poca monta e infiernos rijosos poblados de desnudos precarios y demonios indecentes. Y un buen día aparece Venecia en nuestro horizonte, patria del color triunfante. Carnes y carnaciones del carmín de las granadas. Azules infernales, verdes tóxicos, amarillos cargados de audacia... travesías de hondo alcance, después, por territorios del barroco, por los sangrantes avatares de las guerras de religión o incursiones en las más obscuras estancias de las monarquías de nuestra historia.

Aquel pintor siempre tuvo a mano las piedras de tinta y los pinceles de calígrafo. Las herramientas de los pintores chinos de la llamada «vía excéntrica». El magistral Shi Tao, el inspirado transgresor Chou Ta… y tantos otros rescatados en sus rollos de papel de arroz por el impagable sinólogo François Cheng…

La inmensa aventura de los llamados expresionistas abstractos americanos le dotó de un bagaje de madurez. Las audaces rupturas de Jackson Pollock, el extraño refinamiento descarnado de Clifford Still, la radicalidad preminimalista de Barnett Newman, la genial inspiración alquímica de Mark Rothko…

Otros muchos grandes pintores pueblan los mapas de estos continentes. En diversos países surgen pintores extraordinarios. En diversas culturas la pintura propone sus reglas, muestra sus capacidades expresivas y ofrece diversos magisterios.

Detengámonos en fechas cercanas. Elijamos para ello un pintor de una nueva estirpe. Brillante en todos los aspectos, transcultural, trilingüe, inspirado, radical… suicida. Tal vez el pintor más extraordinario desde los tiempos de Pablo Picasso.

Danzaba con la Muerte. Creador de mil rostros. Sidéreo y fugaz. Jean-Michel Basquiat.

Alzado frente al muro. Descalzo. Llenas las manos de un espeso barro pigmentado, como aquel que recubría la caverna de imágenes que evocaban una vida y presentían otra. Transcendente y grotesco, turbado por la audacia de su gesto, pensativo y herido en todo aquello que tanto temía poner en peligro.

A veces se enfrentaba consigo mismo y aparecían ante él imágenes impensadas. Hacía fuego dentro de la caverna. Recolectaba carboncillos. Voceaba y silbaba en lo más hondo de aquellas oquedades. Abrumado por el espesor de su Deseo. Embargado por los avatares del existir. Llorando y riendo casi a un tiempo, pues así lo inspiraba aquel vivir.

Como el vivir de hoy mismo.

Llego de la penumbra del que cae. Traigo encima el pellejo de la última noche. Canturreo imitando el canto de los buitres, ruiseñores hediondos. Qué paz, señor de las brumas, qué paz la del suicida que ensaya, como un actor de poca monta, su perorata de despedida.

Antes de que la noche llegue, dispongo mis cartas. El mantel de la mesa tiene algo de sudario, o de sábana nupcial, o de túnica rendida bajo la luna de los membrillos.

Hay en él un bordado de color carmín quemado, de un rosa bronco. Un temblor intermitente tamborilea en el pulso de sus muslos de caminante. Y una nota de sombrío amargor redobla en el espesor de su linfa. Como un tumulto venoso bombeado con parsimonia por un corazón abollado.

Se inaugura el invierno. Se cierran las cortinas. El amanecer será helador. Las últimas rosas, entre la escarcha, parecen cuajarones de sangre.

Recuerdo las vendimias de antaño, el bulto movedizo de los racimos sobre las manos abiertas, algo tan asombroso como el palpitar de un corazón. Y el rumor de los cestos, rebosantes, sobre los carros. Nunca vi color semejante al de aquellas uvas recién cortadas de la vid, nunca después sentí con tal claridad la presencia del enigma y de lo sublime en lo más natural. Como una hoguera abierta en el cuerpo mismo de la Belleza. Tal vez la única razón de pintar sea el intento de regresar, siquiera mediante ese simulacro que llamamos arte, a momentos semejantes.

La memoria es una vieja yegua. Sabe del ir y del volver. Sabe del peso de la luna sobre la piel erizada del lomo en las noches de hogueras y vocerío. Sabe también del aullido de la jauría. Y del ruido de las piedras que ruedan camino abajo. La memoria es un amor cangrejo. Nos pinza y tira de nosotros hacia atrás. La memoria es un lecho de cenizas aún calientes. Da algo de miedo tenderse a dormir sobre él. La memoria es un manojo de flores secas atado con varas de ortigas frescas. La memoria administra el espejo en el fondo de lo incierto. La memoria no siempre es buena para la salud. La memoria ensucia las manos. Cobra y no devuelve el cambio.

EL MONJE *CORAZÓN ABOLLADO*

Y así es también el fuego, como tantas plantas y mohos, como la electricidad, como los meteoros… capaz tanto de salvar vidas como de arrebatarlas. También de borrar, tanto como de crear Imágenes, fantasmas, advertencias, mensajes…

Tal vez en un principio fuera privilegio de los dioses dirigir sus acciones, pero cuando hombres y mujeres aprendieron a hacer fuego se convirtieron en sus aparentes amos. Inventaron innumerables formas de usar sus llamas y sus brasas: calentar una estancia, cocinar los alimentos, incendiar las propiedades del enemigo, castigar al disidente, esterilizar…

El artista se sirve también del fuego a veces. Convoca su asistencia. Conduce su poder de mil maneras. En el carboncillo con el que se hizo el primer dibujo, en la primera arcilla cocida, en los hornos de la Edad de Bronce o en las piezas de los megaescultores actuales...

Yo mismo he recurrido también a apropiarme de su favor...

Dejamos de ser niños cuando perdemos el miedo a la oscuridad.

Y solo somos capaces de recuperar la esencia de la infancia cuando logramos esquivar todo aquello que nos atenaza, las sombras de los prejuicios y los temores, y volver a pensar con lúcida inocencia.

Se deja de ser niño también por error. Cuando se opta por negociar con la infamia y pacer en los pesebres del poder.

Artista es el adulto que ha recuperado la mirada asombrada y penetrante del niño. El que no pacta. El que no pertenece. El que escucha y mira. El niño es siempre artista, como el verdadero artista es siempre niño.

Me gusta la palabra fandango. Fonéticamente es muy bella... desde ese arranque labiodental tan prometedor al que sigue el andante que la conduce hasta el fangoso suspiro final.

Su significado, enraizado en el *fatum* latino, nos habla de algo relacionado con el destino, con esta paradójica estancia nuestra de la que no somos dueños, y nos confronta a ella a través del canto, la música y la danza.

Arcaico y moderno a un tiempo, culto y popular, grave o gozoso, un fandango es siempre un acontecimiento: bocado de solemne abandono, paseo entre la gracia y el estro creador.

Fandangones, fandangos, fandanguillos... venid en estas horas de incertidumbre, poned en ellas las notas de una bonanza mensajera de horizontes no explorados. Y traed aceite, para encender las lámparas y poder ver en medio de la Noche o leer en lo profundo de la bodega.

«Canta el pájaro en la jaula / porque no sabe llorar...» afirma un fandango. Jaulas que aluden a las prisiones padecidas, a los encierros en la cárcel de los amores amargos, que el destino adjudica sin atender a méritos ni culpas. Metáforas de la creación artística… por cuanto hay en la música de llanto sublimado, en la pintura de sollozo. Espacios de duelo por la libertad perdida en ambos casos. Noche de rejas y privaciones en las que hace el arte su aparición. Para conjurar la pena con la composición sonora o la superficie coloreada.

Artista es quien se hace con la llave de la celda, el insurrecto que quiebra la condena, el que construye sus propias catástrofes, el de los días de beber el vino de los celebrantes o de injerir la cicuta de los que supieron comprender lo innombrable.

El arte nunca ha sido el territorio de lo verdadero… sino el de lo suplantado, el de la incertidumbre vestida de púrpura y convertida en un cepo para la mirada o el oído, ante el sagrado delirio que llamamos música.

Siempre que me he acercado a un animal he advertido en su mirada y su porte lo que de humano se encerraba en su ser. Al igual que percibo siempre, con dolorosa claridad, el impacto de la secreta animalidad de hombres y mujeres cuando estoy con ellos.

En la sustancia de los seres vivos interactúan componentes que combaten, se complementan y se explican. El misterio de lo humano en las entrañas de lo animal, la enigmática permanencia de la bestia en nuestro interior... son cuestiones que alimentan en algunos de nosotros la permanente reflexión acerca del posible destino de nuestra especie.

Hubo una secta, en el antiguo Irak, que rendía culto a una bandada de pavos reales en los confines de una pequeña selva, casi inaccesible, encañonada junto a un río profundo. Aquellos pavos eran los más bellos de entre los de su especie, y quienes los veneraban atribuían el extraordinario esplendor de su plumaje al hecho de que se alimentasen de insectos ponzoñosos e incluso de serpientes. Escolopendras, alacranes, arácnidos de toda laya y cobras reales formaban parte de su dieta habitual.

Su belleza tenía aquel horrible origen: los venenos que ingerían producían las más intensas, inusuales y embriagadoras coloraciones de su manto. Sus huevos eran negros, a veces moteados con pequeñas manchas doradas.

Aquellos idólatras solían, en días impares y al atardecer, provocar un griterío desenfrenado con el que entraban en éxtasis con las aves. Su trance era comparable al de los *derviches aulladores* de la era otomana. El gañido de los pavos sagrados se trenzaba así con el de unas voces *anteriores* a lo que hoy percibimos como canto. Nadie que llegase a oír aquel clamor podría contener el impulso de huir.

Si el canto de las sirenas producía una atracción irresistible, el de aquellas desquiciadas polifonías suscitaba terror. Pero cualquiera que hubiese logrado ver, en ocasión excepcional, a alguna de aquellas aves oceladas, habría quedado, irremediablemente, poseído por una suave gracia: como en una punzada, como en un desmayo, la inquietante experiencia de la Belleza se habría apoderado de él para el resto de sus días.

Como una hemorragia ascendente, como el retorno de la savia contenida en el latir de la nueva estación, como el tránsito de regreso de Perséfone. Como el estro armónico, como un pan de sangre, como un salmo en medio de la nevada. Como los posos de un vino consagrado, como la escritura rasgada del suicida, como la llamarada que purifica el antro. Como el beso en la llaga, como el canto del soldado herido, como el mosto de los condenados.

Como el rastro de lo secreto.

Como el sueño del vencido.

Como el acto de encender.

Marx y Freud incendiaron los bosques del mundo anterior. Pero la luz de ese incendio, cuya humareda ennegreció los cielos durante un siglo, trajo otras oscuridades. Surgió otra Noche bailando entre sus llamas. Y esa Noche del ser dio a luz el más destructivo engendro jamás creado.

Solo un hombre pareció abrirse paso entre la gran falacia de su tiempo. Fabricó su propio dios, mitad loco mitad filosofo. Dispuso de un Dionysos reidor y excesivo. Supo arrodillarse para abrazar a un caballo caído sobre los adoquines: él, que no se arrodilló ante el Poder. Falleció dejando encendida la luz de su aparente enajenación.

Alguien reveló, tras su muerte, que en sus últimos meses acostumbraba visitar hospitales para pasar las horas en compañía de *enfermos mentales...*

Los pintores chinos de la antigüedad, los de las magistrales tintas monocromas, a los que el sinólogo François Cheng llamaba «pintores de la vía excéntrica», solían inventarse apodos con los que firmaban algunas de sus obras para conjurar sus momentos de humor perruno. Shitao, probablemente el más extraordinario de todos ellos, llegó a sumar hasta treinta nombres: *monje Calabaza amarga*, *Peregrino ciego*, *Riachuelo cojo...* Zheng Xie también los usaba; y Wang Wei, el *Ermitaño del monte*; y el famoso borracho Wang Mo, pintor errabundo que metía sus pelos en la tinta y pintaba con ellos... O el inspiradísimo Zhu Da, también monje, que se nombró *Erizo entre peonías*.

Salvando todas las distancias, y tras sobrevivir a un piquirraque cardíaco, decidí emularlos dándome un flamante sobrenombre. Desde entonces soy, pocos lo saben, el insufrible monje *Corazón abollado*... Así firmo, pero en el aire, mis más airosas producciones.

No contienen mis dibujos frondosos bambúes, ni montañas brumosas, ni ríos, ni barqueros... sino modestos majuelos, cardos entrañables y flores despeinadas de la Castilla profunda y mesetaria.

Hubo un tiempo en que animales, dioses y humanos compartieron «lo real». Amaban, mataban y comían juntos. Correteando entre hienas, chapoteando junto a bestias acuáticas, los primeros de los nuestros experimentaron su existir en un mundo de sangre y sueños obscuros. Sus cerebros, cercados por el hambre, el deseo y el miedo, comenzaron pronto a llenarse de respuestas inventadas. Nacieron los dioses. El mito era una linterna. Para poder soportar tanto enigma, había que horadar la Noche de lo incomprensible.

Noche cerrada. Lluvias. Recorro en coche una región boscosa. Me detengo ante un camino de tierra. Los faros del vehículo apenas iluminan un pequeño tramo. Donde la luz no llega el mundo continúa. Infinito. Insondable. Fuera del alcance de nuestras luces.

Tal vez el arte, como el pensamiento religioso, como las drogas, no sea sino una linterna, una antorcha en la mano de alguien que pretende ver más. Queremos ascender desde la angustia del existir al sublime momento en que acertamos a elevar el vuelo… Y para ese tránsito necesitamos ayuda. ¿Será por eso que el más acuciante deseo de pintar le acosa a uno en los trances de mayor obscuridad?

Una semilla encapsulada en una tierna vaina que flota a la deriva en los tramos de un río… ayer manantial, hoy arroyo, mañana estuario… eso somos. Y esa semilla no siempre germina. A menudo muere en la quietud de un ribazo, después de haber sorteado obstáculos y experimentado avatares. Retos que fueron. Fuegos fundadores.

La tormenta que se desencadena en este atardecer promete una bella entrada en la noche. Todo el campo se abre, aromático y sereno, bajo un rompimiento de gloria recién llegado de nuestra infancia. La memoria es ahora aquella vieja yegua de tiro caminando con parsimonia entre las mieses. Montado en ella pude llegar a Grecia. A Hölderlin. A las costas más salvajes. El empeño de los humanos en elevar el vuelo de sus sueños. Solo a veces. La fermentación de ese dolor delicado y punzante que llamamos Belleza. Zumo lechoso de las hojas de higuera en manos de los niños.

Promesa de Perséfone. Este es el regalo. El presente. El montar de nuevo y adentrarme desnudo en el espacio de la noche yegua.

Hölderlin, una vez más: la campana cuyo doblar es amortiguado por la nieve que la cubre

Amo las frondas porque son danza, escritura y enigma a la vez. Ocurre con la pintura. Ocurre con la existencia. Ocurre con el amor. Esplendor que se transforma en oro y susurra.

Soy el monje *Corazón abollado*. Me gustan las tormentas, los desvanes… Y la forma en que acaban los días.

He conocido la dulzura de beber agua en la concavidad de unas manos amigas que, después, despeinaban con cariño mi cabeza.

Amaba aquel caballo, grande y algo viejo, que montaba a pelo entre las mieses y las espadañas, jadeando junto al río.

Soporto mal el frío. Me dan asco los perros.

Detesto las mentiras condescendientes.

El cuento del calígrafo.

Del mayor poeta de aquella época no quedó ni una sola palabra impresa. Cuando creyó haber alcanzado la madurez, decidió destruir cuanto había escrito, considerándolo un simple ejercicio de aprendizaje. Entonces su escritura se transformó en una suerte de danza durante la que trazaba en el aire, con la ayuda de una vara de cerezo silvestre, los versos que su mente elaboraba.

Los primeros en asistir a una de estas sesiones quedaron tan impresionados que intentaron aprender a leer, en posteriores ejecuciones, aquella caligrafía que se desvanecía en un parpadeo. En poco tiempo se formó un grupo que acudía cada vez que el poeta se sentía inspirado y entraba en aquel trance poético, cosa que él toleraba con gusto, siempre que acudiesen sin recado de escribir y bajo la promesa de no pasar nunca a papel lo que lograsen memorizar.

Ha muerto Pierre Soulages. Pienso una vez más en ese *atravesar la Noche* de los artistas inspirados. Recuerdo cómo fui descubriendo su trabajo en París, al principio de los años setenta, al mismo tiempo que las elegías de Robert Motherwell, y la impresionante retrospectiva de Ad Reinhard, ese otro maestro del color negro, que tuvo lugar por entonces en esa ciudad.

Poco después fui comprendiendo, ante el trabajo de Bob Ryman, en la blancura iridiscente u opaca de sus obras, el sentido de la esencialidad, el poder significante de ciertos aparentes silencios.

Los vanguardistas rusos lo habían descubierto y practicado algo antes. En sus precarios estudios.

Entre la nieve y el humo de sus vidas. En la helada negra de la Revolución.

Barnett Newman, Mark Rothko, Jackson Pollock… atravesaron su Noche, a la americana.

No hagamos ahora listados interminables. Pero permitidme rendir tributo a cuatro pintores que frecuentaron la experiencia de esos límites e impregnaron la Noche de la fosforescencia con su talento: Chaim Soutine, Francis Bacon, Howard Hodgkin…y Jean-Michel Basquiat. Fueron magistrales en el uso del color, no del negro, pero su Noche fue profunda y su cromatismo prendió en ella como un fuego enloquecido.

Cuando uno pinta es un sonámbulo. Alguien que engendra sumergido en un sueño profundo. No inmerso en las ensoñaciones del soñador que permanece sobrio, sino en el errático deambular de alguien transportado por Hipnos, ese dios artero.

Hay dos clases de pintores: los que pintan con los ojos abiertos y los que lo hacen con los ojos cerrados. Los primeros están muertos, pero no lo saben, y siguen haciendo como que pintan; los segundos son los que convocan la ayuda del azar, los que bailan ante la Muerte, los que cantan en los infiernos: son los herejes que ríen en la hoguera.

Cuando os encontréis ante un pintor... mirad, lo primero, si tiene cerrados o no los ojos del alma.

El verbo se hace carne —doy fe de ello—, reta a la muerte, danza en busca de la gracia.

La mano que pinta es una barca.

Esa barca que zarpa deja atrás una casa en la que alguien se ha quedado quemando unas cartas.

En ese fuego las llamas azules bailan con las rojas. En esa hoguera el humo es balsámo. La ceniza, promesa de un sueño muy largo.

La mano que pinta es arrastrada por corrientes muy fuertes, por eso los cuadros tienen tanto movimiento.

La mente que pinta es un mar poblado.

La mente que pinta es un Odiseo pequeño en un mar grande.

Los pigmentos son tóxicos, pero fueron creados para atraer y atrapar. Toda pintura es un cepo.

Los pintores están siempre a punto de naufragar.

La mano que pinta es una zarpa.

La mano que pinta es una barca que zarpa, que aprieta el remo de una barca que va contracorriente.

Concibo los colores que utilizo como personajes de ópera. Entran en escena proclamando lo que el rol que van a interpretar les hace decir. Y cantan. Derraman cuanto sus voces contienen. Cobran vida, la aumentan. Dicen, muestran, evocan, expresan...

El azul índigo es un rey africano.

El *caput mortuum* envuelve a la esclava egipcia.

El bermellón encarna al gran bebedor en su taberna.

El negro de humo canta canciones guerreras.

El carmín quemado es la carne de una diosa en celo.

El rojo de cinabrio... ¡el imperio de la vida misma!

Y verdes son los vestidos de la virgen malvada.

«Todo río guarda su ahogado», dicen las gentes que viven lejos de las ciudades. En cada torrente, una promesa de vida renovada canturrea entre remolinos y espuma. Los cantos rodados parecen siempre dispuestos al saludo y a la bienvenida. El bosque por el que el río se abre paso guarda huellas, marcas, advertencias, regalos, amenazas… La palabra bosque tiene su origen en el *buscare* latino. Quien se adentra en el bosque, algo busca. Pero la especialidad del bosque es la sorpresa. Tal como ocurre en los territorios de la producción artística.

Los años en que viví en Nueva York, cada vez que me echaba a la calle sin rumbo ni objetivo en mente, se apoderaba de mí la sensación de estar penetrando en un bosque. Y cuando inicio una sesión de pintura me invade algo parecido que dirige mis acciones.

Buscar sin buscarlo, abandonarse a la deriva de unas aguas bravas o avanzar entre enormes sombras, acogedoras unas veces y amenazantes otras. En el arte como en la vida. En el amor como en la desventura. En la paz como en la guerra: el claroscuro del existir.

Hay gentes que han visto muchos amaneceres y pocos crepúsculos, y hay quienes apenas madrugaron nunca, pero vieron diariamente el llegar de la noche.

Suele hablarse, casi sin excepción, de la belleza de lo crepuscular… y ello lleva a pensar que no esperamos encontrar lo bello solo entre lo saludable, sino que admitimos el componente adverso que cabe en la composición de lo que consideramos belleza. La visión de un flameante crepúsculo, desplegando su paleta rebosante de pigmentos mercuriales, de vinosos granates, de azules derrotados y de sombras crecientes, nos conduce, si así queremos que ocurra, a admitir el triunfo de la Noche, su inevitable travesía y, al final de semejante viaje…, el tránsito a la escena final de cada vida.

Fue quizás ante el retrato de *Carlos V en Mühlberg*, pintado por Tiziano, donde se me reveló por primera vez, al comienzo de la adolescencia, la dimensión melancólica de la Belleza, y cuando, sin apenas darme cuenta, se decidió en mi interior que me dedicaría a la Pintura.

Siento fascinación por los desvanes. Algunos han ejercido sobre mí una profunda atracción, a ellos regresé con asombro durante años y en ellos permanecí horas, absorto y extasiado. Eran desvanes casi vacíos. O mejor dicho, vaciados de objetos, pero cargados de sus huellas. Repletos de memoria. Relicarios baldíos. Archivos de polvo y penumbras.

En «el desván de la cebada» destinado antaño al trasiego de sacos, llenos o vacíos, de dicho cereal, se intuían tan solo los restos de lo necesario para el sulfatado de las viñas: un recipiente para la preparación del piedralipe, el sulfato de cobre o cardenillo, trozos de azufre, piedras para molerlo, una botella de cristal verde..., y unas talegas vacías, en otros tiempos destinadas a contener harina, ordenadas con escaso tino sobre tablones invadidos por la carcoma.

El ventanuco del fondo permitía, al abrirse con ruido de cerrojos y maderas hinchadas, una vista de las últimas casas del pueblo, que formaban una perspectiva extraña, caligráfica, como de tiempo y geometrías congeladas. A cualquier hora del día, asomarse a él regalaba un espectáculo que removía recuerdos y atraía punzadas de sensaciones que se daban por extinguidas.

Pero lo esencial de cada visita a aquel lugar no era visible. Se trataba del olor: un *manojo* de olores ácidos, frutas echadas a perder, azufre, maderas y morteros; de polvo y mohos. De fermentaciones.

Cuando un buen día emprendí la serie de cuadros reunidos bajo el título de *Los desvanes*, no me fue demasiado difícil evocar gran parte de los elementos que componen la esencia de un concepto tan notoriamente visual… pero fracasé, no sé si por completo, en lo tocante a este asunto del olor. Hice pruebas, ensayé algún invento, intenté asociaciones color-olor… pero en los territorios de lo olfativo todo se reveló «de otro orden».

El monje *Corazón abollado* dirige sus pasos, en busca de refugio, hacia regiones más altas y mejor oxigenadas. Lleva consigo los trastos de escribir y los de pintar. Sabe, como sus viejos maestros Shi Tao y Chou Ta, que en su piedra de tinta está escrito su destino.

Nada hay más modesto, ni más grande, que el uso de la palabra. Nada tan grato como el gesto de acercarse a un torrente para recoger desde su orilla el agua que permite, a la vez, preparar la tinta y calmar la sed.

Alzar la cabeza. No callar ante el Mal. No obedecer sino a aquello que uno respeta.

LA HORA DEL LOBO

Hubo una época, allá en mi adolescencia, en la que solía embarcarme en largas partidas de ajedrez con una pandilla de chicos algo mayores que yo. Eran tercos, ruidosos, pesimistas. Siempre desconfiados, guarros de tomo y lomo… Jugaban siempre como a mala hostia. Jugaban como para joder al otro. Vociferaban comentando cada movimiento con toda la mala baba que les venía a la mente. Perder los sacaba de quicio, y cuando ganaban trataban de humillar al vencido, hurgando en su amor propio, procurando hacer brotar de él sus peores instintos.

Yo jugaba como sin darle importancia al asunto, observándolos siempre sin que se me notase la precaución. Tocaba las pequeñas esculturas que componían aquellos minúsculos ejércitos como embobado, porque me producía gran placer. Y proyectaba sobre el tablero todo cuanto mi imaginación se empeñaba en proponerme. No les tenía miedo. Por alguna sinrazón, y pese a todo, nos gustaba pasear juntos después de las partidas. O entre partidas. Nos gustaba mucho hacerlo. Lo notábamos. Una cierta violencia flotaba en el aire durante esos encuentros, pero el miedo que cada cual sentía se diluía en el aire… A fin de cuentas, bastante me zurraba ya mi padre en casa, con una goma negra que abrazaba un grueso hilo de cobre, como para tener miedo a una gresca de colegas…

Un día llegué, solo, al lugar donde solíamos jugar, una casa abandonada y semihundida a la que accedíamos saltando una tapia, y me encontré con que alguien había quemado el tablero y las piezas, dejando sobre una mesa, también cogida por el fuego, cuanto aún podía reconocerse de todo ello a pesar de las llamas. Desparramadas unas, en pie otras, carbonizadas o hechas cenizas las demás. Olía a mala leche.

El espectáculo me dejó sumido en una tristeza enorme. No volví a aquel lugar.

Aún hoy, cuando veo alguna obra de Anselm Kiefer, me viene a la boca el sabor a chamusquina de aquel momento...

La fiebre es un vestido bello y pesado que te abriga hasta hacerte sudar, te protege y te estorba.

La fiebre aguza los sentidos y los prepara para registrar lo más velado de los fenómenos.

La fiebre es maestra en el arte de la percepción. Nos rinde, nos abate hasta la humillación... pero nos eleva al proporcionarnos una amplificada capacidad para sentir. Nuestro cuerpo sucumbe a su posesión, nuestra mente se altera ante su influjo, y un manto de música muy tenue nos envuelve como a los gusanos de seda cuando reciben su sudario tejido con hilos de oro.

La fiebre es dorada como los pelillos de las abejas. Y su dulzor es el del beleño negro. Durante el proceso febril, el sexo yace, temblando, en su extremado habitáculo, en su nido de carne y vello protector.

El termómetro brilla, diminuta flauta mágica, sobre la mesilla en la que reposa el libro que no podemos leer. La jeringuilla aguarda en su estuche ya desprecintado.

Miro a la ventana entreabierta. Negras caligrafías de vencejos frenéticos pían y rasgan el techo de la tarde.

En casi todas las culturas, en casi todas las lenguas, morir es considerado un tránsito. Lo que implica suponer que tras la muerte accedemos a otro Lugar, a otra dimensión quizás, diferente de lo que percibimos como realidad.

¡Cuántas son las metáforas viajeras con las que nos atrevemos a mencionar ese definitivo pasaje que tanto aterra a algunos!

Me gustan las travesías. Y las transmutaciones. El arte, por ejemplo, es una suerte de proceso alquímico, en todos los sentidos: un montoncillo de pigmento se baña en aceite y en unos segundos se transforma en un labio o una nube, un pecho tentador o una calavera…

Con los billetes en el bolsillo y el maletín ya dispuesto, espera uno su hora. Y recuerda, sentado sobre una piedra, que los procesos alquímicos son de un alcance imprevisible, y que del mismo modo que un sucio surco de tierra con lombrices puede dar vida a una flor de turbador perfume, la más delicada rosa puede acabar convertida en pestilente mantillo.

¿Iremos *luego* a alguna parte? ¿Hemos ido alguna vez a alguna parte? ¿Somos flor camino de ser basura... o somos un minúsculo detritus de la creación destinado a ser algo?

En lo más íntimo de cada uno de los procesos en los que nuestro ser cada día se despliega e involucra, el Destino va poniendo su sello. Sellado queda el día en cada ocaso. Sellados nuestros sueños en cada Aurora.

Solo el Deseo escapa. No hay sello para él.

Sospecho que lo que llamamos Belleza no es sino esa confidencia envuelta en goce que recibimos ante algo que colma la más secreta pulsión de nuestro ser y alcanza la diana del Deseo, de lo ilimitado e insaciable.

Redefinimos continuamente nuestro concepto de Belleza porque todo cuanto afecta o nutre o hiere o alcanza a penetrar en esa oculta morada del ser que nunca nombramos, pero que sentimos, va modificando la íntima arquitectura de nuestras pulsiones, nuestros gustos y nuestras emociones.

Las pupilas dilatadas de una diosa de mármol pueden conmovernos más que la mirada de cualquier ser vivo porque atesoran un paradigma de Belleza que se funde con el nuestro en ese momento de contemplación que dirige ese catalizador que llamamos Arte.

Las canteras de una isla griega, el viaje por mar de la codiciada piedra, el trabajo del escultor, el rodar de la historia, de los conceptos, de las guerras y las pestes, el olor de lo humano, la trascendencia de sus momentos de inspiración elevada, ¡la experiencia del oro y del horror, de la sangre de los nacimientos y la de la muerte!... esos son los itinerarios de la Belleza. En nosotros está el saber aspirar ese éter. ¡Correr el riesgo sin el cual solo probaremos el insípido pan de los que no saltaron las tapias!

La vida de un pintor es la de un Odiseo sin barco, ni isla, ni Penélope. Todo cuanto le cerca es más fuerte que él.

Me decían a menudo, cuando era pequeño: «Si no lo hay, lo pintas». Quizás por eso pinto. Soy un Odiseo que trata de tener lo que no hay.

Por qué elige alguien ser pintor abstracto. Quizás porque lo que desea, lo que quiere tener, no es representable. Porque es indecible. E inasible.

Quizás por un deseo, no manifestado, de no mostrar sino ocultación. Una ecuación sin resolver. Un poso que puede leer quien sabe leer posos. Una huella para rastreadores capaces.

Nunca un jeroglífico codificado. Nunca un mapa. Nunca un documento legal. Nunca un acta. Nunca un emblema. Nunca un sello.

En cada cuadro el pintor cree ver las costas de su isla. Nunca es cierto. Cada trazo es un golpe de remos que solo bate la espuma de la superficie: el abismo acecha, allá en lo hondo. Apenas avanza.

Nunca serví para agricultor. Respeto demasiado lo silvestre. Y soy friolero.

Preferí ser minero. Hundirme viciosamente en lo subterráneo, en lo obscuro, para buscar en su regazo las claves y los nutrientes del vivir. Hurgar en las tripas de la tierra hasta hallar, en su entraña, la veta de lo extraordinario. Existir extrayendo. Visitar, de vez en cuando, las hipnóticas frondas del Hades. Reconocer los lugares del oro y la putrefacción.

De eso he vivido, de obtener el sustento moviéndome entre la penumbra nutricia y la tiniebla de la ebriedad en el corazón del saber.

Me gustan los buzos. Los espeleólogos. Los anatomistas. Los astronautas. Los bebedores de vino y catadores de imprudencias.

La cita es con las gomas de la transfusión y la ampolla de vidrio. La quemazón. La pomada.

La rama del árbol negro apenas resiste el peso del buitre posado en ella. Ese buitre ha sobrevolado los siglos. En su pupila y en su olfato lleva registrados todos los estragos de la especie humana. Es el testigo. También el beneficiario de la sinrazón. Y de la absurda cólera de los dioses.

La luz de la habitación de hospital es globular, amarilla, indecisa. Una luz peluda. Obscena.

La luz de la guerra es fulminante.

La velocidad de la luz no es siempre la misma. La náusea trabaja en intensidades oscilantes. El olor del miedo contiene siempre mucho de olor a humo. Y al del yodo de las curas de emergencia.

¿Habéis visto a ese buitre alguna vez?, ¿habéis escuchado su silbo de pájaro indecente?, ¿habéis comido el pan de la mañana con el olor a pavesas mojadas y a humo metido en el alma?

Acude a mi mente esa imagen del marqués de Sade, prisionero y ya a punto de abandonar este mundo, al que un criado traía diariamente un cestillo de rosas entre las que hundía su rostro durante largos ratos. Sade, el gran filósofo de la existencia. El que supo escribir sobre el verdadero alcance del Deseo y lo monstruoso del Poder.

Amantes insomnes, copas colmadas del vino de los inspirados, flores capaces de seducir o de inducir a la locura. El amor es una flor. El arte es una flor. El dolor es una flor. La fiebre es una flor. La sangre es una flor. El sueño es una flor. La leche es una flor.

El deseo del deseo del otro… un elemento clave en el devenir de los procesos creativos. Un narcisismo intrínseco que determina en gran medida el quehacer de los llamados artistas. Toda obra de arte contiene una profunda voluntad de seducción mejor o peor disimulada. Todo arte es hijo de un Eros velado que observa al espectador desde la penumbra de su escondite.

Todo gran arte tiene algo de flor silvestre, de animal salvaje, y los grandes artistas son siempre, cada uno a su manera, cazadores furtivos… Aunque estas cosas, muy frecuentemente, no sean tan visibles.

El artista es poco más que una luciérnaga. Dispone de una pequeña porción de luz, y armado de tan poco, intenta afrontar la travesía de la Noche. Ángeles y demonios observan, invisibles, su frágil tránsito, su vulnerable avance, su escasa dimensión. Luz de luciérnaga en un océano de obscuridad. Eso somos.

En pleno campo, bajo la luz azufrada y densa que precede a una tormenta cargada de electricidad, llenos los sentidos de estímulos que me transportan a los veranos de la primera adolescencia en una Castilla de adobe que olía, bajo la lluvia, a un vivir de la tierra, a tierra mojada sobre la seca tierra de las duras labranzas, rojo barro entre mieses, parca promesa siempre de pan partido, arcaico, humano, tierno… Allí estuve.

Quizás nunca regresé de aquel país de segadores, mulas, mieses, ruda sensualidad, escasos ríos, viñas, bodegas, rostros curtidos, trallas, juramentos. Todo ello viajó conmigo. Lo llevé puesto, como un buen abrigo, por el bellísimo París en el que pasé buena parte de los años setenta, por el ingenuo Madrid de la Movida, y por el Nueva York en el que tanto aprendí del arte y de la vida.

Ahora mismo, barruntando tormenta, excitada mi mente ante el redoble de los primeros truenos, vulnerable al recuerdo y sediento de todo aquello, solo pienso en lo mismo: en aquel puñadito de críos que, como una bandada de gorriones, corrían a guarecerse, con las primeras gotas de lluvia, en el enorme pajar de polvorienta y dorada luz en el que, acurrucados entre ásperas mantas del color y el olor de nuestras ovejas, asistíamos juntos, llenos de miedo y de incipiente coraje, al desencadenamiento de los meteoros.

La caída de la tarde es para mí la hora más propicia para escribir. Nuestra voz se ha templado a lo largo del día. Hemos cumplido con algunos deberes. Bebemos en la copa del ocaso, que es siempre copa amiga, sean ásperos o benignos los augurios del momento. Y abrimos bien los ojos porque somos conscientes de que… vale la pena continuar, cantando en voz alta, hasta… ese famoso momento.

Clitemnestra atrapa a Agamenón, su cónyuge, en una red. Él está en el agua, en su bañera. Es un pez gordo. Una vez sujeto, ella lo sangra. Experimenta al hacerlo un gran placer que no oculta. Lo cuenta Esquilo. Aquella casa rezumaba sangre. Sangre sacrificial que exigía venganza.

Muchos siglos después Charlotte Corday *corta* a Jean Paul Marat también en su bañera. Entre uno y otro sangrado, Judith de Betulia ajusticia a Holofernes, lleno de vino y sueños... degollándolo sobre la cama. Artemisia Gentilleschi pinta dos versiones extraordinarias de la escena. Sangre de hombre corriendo sobre las sábanas. Soberbio momento. Cabeza separada del cuerpo. Acción llevada a cabo por una mujer, bellamente ataviada, que empuña una pieza de acero bien afilado. Se la representa ayudada por su sirvienta. Como en la cocina. En la dimensión de lo doméstico. Y sin embargo...

¡Ah, aquellos, los que vivían poéticamente la vida, los que apagaban los fuegos con sangre!

Esquilo era leído con placer, frecuentemente, por el pintor Francis Bacon. Este le atribuye la siguiente frase: «el olor de la sangre no se me va de los ojos». Esas palabras no están, hasta donde he llegado a rastrearlo, en el texto de Esquilo, pero sí en su mirada de pintor. Él sabe ver el olor de la sangre... y proyectarlo después sobre ese lechoaltar que llamamos lienzo. La «mancha de sol», de Georges Bataille, es el resultado de un complejo engranaje ocular. Ojo pineal. Parte maldita. Sacro oficio. Acteón contemplando la desnudez de la diosa virgen. ¡Perros despedazando al que ha visto lo que no debía! Como todo pintor.

Siempre me gustaron los cardos. Mi madre, de vez en cuando, me llamaba Cardos. Grandes geómetras, impolutos orfebres, los cardos se defienden y protegen bien sus floraciones, sus semillas y su territorio. Alimentan a los jilgueros a cambio de su canto. Practican la estrategia del erizo. Son elegantes, ponderados, sobrios.

Uno, con los años, se ha hecho menos cardo y mas ciruelo. Limonero tardío. Melón de invierno… *corazón abollado*.

Cardos marianos, cardos borriqueros, cardos corredores, tobas, lampazos… Un manojo de cardos adorna siempre algún rincón del lugar en el que vivo. Me gusta verlos mientras escribo. Quizá sea para ellos para quienes garabateo, de vez en cuando, unas líneas. ¡Por no hablar solo!

Gruesas moras de zarza en la palma de la mano. Modesta púrpura. La pulpa de un otoño en el que hasta la fruta sabe a carne. Carmín quemado en el Tiziano más sangriento y más hondo: *El desollamiento de Marsyas*. Apolo cuchillo en mano. Música y espanto. Mercurio rojo. Rubedo. Rothko.

Hay un arte que viene del Levante. Viene de allá el canto del Asia Menor. No hubo gentes mejores. Apagaban los fuegos con la sangre de sus enemigos. Sabían amar y odiar a lo grande. Griegos solemnes y orgullosos, ¡salud!

En mi pueblo, en el pueblo en el que desearía ser enterrado, el camino que conduce al cementerio pasa por el lugar en el que se encuentran los lagares y bodegas del vino. Las comitivas que conducen los féretros de quienes han muerto pasan por allí, por el recodo de los momentos felices, los de tanta ebriedad compartida, de tanto abrazo lleno de afecto verdadero y de tantos relatos irrepetibles inspirados por las llamas de las hogueras y el poder inspirador de la ingesta.

Un entierro que atraviesa lugares en los que fuimos rozados por la felicidad tiene siempre algo de celebración, pues los vivos que transportan a quien ha dejado esta vida, y que saben que algún día harán el mismo trayecto en un cajón que se dará a la tierra, parecen darse cuenta allí, de pronto, del secreto de las cosas que de verdad importan. Llevar sobre los hombros el ataúd de la persona querida a la que un día de vino y risas llevabas a cuestas porque no se tenía en pie es un rito de paso importante. El amor debe mirar a los ojos, de vez en cuando, a la muerte. Y debemos derramar vino también, como ofrenda a los que viajan ya en barca por la laguna Estigia.

Que Perséfone nos acoja después, como invitados, en sus brumosos jardines, y que volvamos a reír, reclinados sobre sus lechos de blanco mármol manchados del zumo de las granadas del más allá.

El viento golpea hoy, con fuerza y gran estruendo, la puerta de mi nave. Su empuje es amenazante, y su ritmo, quebrado, imprevisible.

Silba o gime. Se agita o cede. Golpea y calla de pronto. Es un viento sin nombre. Llegó enmascarado, cabalgando esa potra encelada de los tiempos que corren.

La prolongada sequía hace del vendaval nocturno una danza desenfrenada. Los animales recelan, y callan, sus miradas expresan terror.

Recuerdo la lectura, de adolescente, de un pasaje de la *Biblia* que hablaba de una gran sequía. Creo recordar unos versículos que narraban cómo los asnos salvajes corrían sobre cerros desiertos «olfateando el aire como chacales»…

Quien no entienda lo que ahora ocurre se despertará en plena pesadilla. Tendrá frío en los pies y querrá llorar.

Habrá un día en que llamemos noche a un trapo sucio que apenas llegará a cubrir nuestras vergüenzas. Y los sueños serán, como dice un verso de Georges Trakl: «una viña, abrasada y negra, con agujeros llenos de arañas».

Vertumnus, el nombre latino del otoño, habla de verter, de derramarse, de dar frutos, y también de sed; de transformarse, de metamorfosis, de lagares fermentando, de maduraciones.

Hay un estiércol fértil y otro que no lo es. Hay un *humus* nutricio y otro abrasivo. No todo caos es capaz de transmutarse en estro armónico. No toda locura es sagrada. No toda sangre proclama el nacimiento o la renovación.

No todo amor conduce a la hoguera mística. No viaja un dios inspirado en cualquier vino. Ni en cualquier Lugar se persona lo sublime. No toda roca es templo. No todo color es pintura. Hay amarillos que conmueven por su expresiva belleza, que nos seducen y estimulan, y otros que solo traen a nuestra mente los azufrados resplandores de los infiernos que somos capaces de desencadenar los humanos.

En el abrazo de los amantes toman cuerpo los fuegos de una acción indecible. Llamaradas de un flujo salvaje. La caligrafía de esas inundaciones hace de la carne en trance una especie de partitura, un texto iluminado, un murmullo que reza al dios del instante con los ojos cerrados. Los que copulan escriben, sin saberlo, y el cuerpo de sus letras revela el espesor de la entrega amatoria como una templada nata que los envuelve mientras gritan… en la pequeña muerte que los eleva.

En la orquídea dormita el escorpión. La leche de la amapola se transmuta en el sacramento de los condenados. Bajo la corteza del fresno, una larva escribe la historia del bosque, y en el suelo que nutre la planta que nos alimenta, ejércitos de bacterias se entregan a la pestilente lujuria de lo oculto. Lo que llamamos práctica del arte hunde sus raíces en pasiones abyectas, en las más infames estancias de la mente… Y sin embargo paseamos dichosos por los bosques buscando floraciones insólitas y recolectando frutos seductores, o visitamos jardines y museos encontrando en ellos numerosos motivos de goce, olvidándonos de la oscura materia que los dio origen y que, sin prisa alguna, aguarda el momento de posibles e inesperadas apariciones.

Como en el amor, como en el odio, el molde roto violenta un espacio de tránsito. Un caballo sin ojos atraviesa la niebla… Su galope, a veces, se llama Destino. Otras veces lo llamamos Vivir. Es el mismo caballo que se pierde sobre diferentes senderos de ceniza y cal.

Todo paisaje tiene un autor oculto. Todo naufragio responde a una ecuación compuesta sobre la cera negra del odio. Toda caída tiene su oficiante. Todo suelo alberga su muerto. Todo árbol esconde alaridos. Toda hierba guarda la memoria del paso de un loco. Todo artista amamanta una quimera. Todo lo hacemos mal. Todo lo hacen mal. Todo lo hicieron mal. Todo lo haremos, de nuevo, mal.

La mano del artista, de alguien enfermo que busca su medicina con los ojos vendados. El espesor de esa carencia que desata la sed insaciable del ogro, la armonía del limo y la cicuta. Hoy he sentido el peso de una luz malsana. Su duración ha herido mis huesos. Valdés Leal estaba al otro lado. Sevilla en mi mente.

Nos vamos quedando solos… amiga, hermana, amante.

Y solo contigo, Pintura, camino ahora por las sendas de la vida. Por calles o autopistas. Por secretos pasajes. Por caminos que no existían antes del avance de mis botas.

Hasta aquí hemos llegado, como suele decirse. Y confieso que el precio ha sido alto. A menudo muy alto. Y que alto volé también, y fui dichoso, construyendo momentos que quedaron convertidos en Pintura.

Ahora frecuento el borde de este bosque del que ya os he hablado. Sentado, con las piernas colgando ante el barranco, sin apoyo en los pies, le doy ventaja al lobo.

«¡Ven ya, nuevo amigo! —le dice mi pensamiento—. Vayamos hablando. No te temo. No me temas. Cuando llegue el momento cumplirás con tu cometido. Y estará bien hecho. Y mi último aliento será para darte las gracias.»

A estas alturas de mi vida, y en circunstancias que conllevan lidiar con situaciones, retos, decisiones y obstáculos a menudo desconcertantes, observo en mis obras la aparición de una Luz nueva, radicalmente distinta a cuanto hube nunca antes explorado ni alcanzado… Y esa Luz parece contener una promesa de gran calado, como para iluminar los escenarios que aún puedan quedarme por descubrir en este capítulo de mi vida que hace ya figura de epílogo y balance.

Una Luz nueva va tomando posesión no solo de mis obras, sino del estudio entero, y de mi propia vida, a la que envuelve ahora como un suave clamor, algo fosforescente, que saluda mis llegadas e inspira mis nuevas lides… para despedirme al final del día con las palabras de una renovada certeza.

A veces el amor se sublima en hemorragia. Sangre vertida. Flor caliente que mana. Rojo mercurio. Letras, verbos, relatos y sollozos.

Tratamos en cada abrazo de orquestar el destino de un caudal errático que a nada obedece.

El amor es una miel obtenida del polen del beleño, del embeleso, de un invisible engaño; su fulgor el de una hoguera sin amo; su música una canción que llega del fondo de un bosque brumoso. Como una fiera errante. Como un niño perdido. Como la semilla de un árbol volando en la tormenta.

Solo musical de un sol desmayado, moneda de oro semioculta en el surco de una viña perdida.

La palabra belleza casa bien con la palabra sollozo. Y no solo en el plano de la fonética. Ambas palabras se trenzan en otros espacios del pensar y del sentir. El sollozo acude a veces a nuestro pecho ante una presencia, visual o sonora, que tiene el poder de conmovernos. La naturaleza siempre se muestra revestida de belleza. Incluso en su declive. Incluso en sus peores manifestaciones. Los bosques sollozan, a veces. La hierba gime. Y el arbusto, y el río, y el monte…

Antaño, la gente que trabajaba en el campo conocía los lugares en los que podían encontrarse fuentes de agua limpia, arroyos y manantiales que brotaban entre matorrales o peñas, como por sorpresa, como regalos. Recuerdo las numerosas ocasiones en las que alguien me ofreció para beber, en lugares así, el agua contenida en la cuenca de sus manos unidas. Grandes manos a veces, ásperas y llenas de fuerza, que se ofrecían con tosca delicadeza... o manos femeninas, hechas de otra manera, que entregaban el agua como jugando, y le acariciaban a uno después, limpiando su cara o hundiendo los dedos húmedos entre su pelo. Esa forma de calmar la sed, escuchar las palabras amables, recibir los cuidados, contemplar los destellos del líquido de la vida en medio de las tierras... nunca llego a evocarlo sin que un sollozo se alce en lo más hondo del corazón como saliéndoseme del cuerpo...

En lo profundo de su territorio, fascinado por la densa belleza del final de un otoño rebosante del colorido propio del cambio de estación, un hombre penetra en lo más inaccesible del bosque aspirando la húmeda y templada atmósfera de las fermentaciones que tienen allí lugar, por todas partes, y que llenan el aire de olores punzantes cargados de mensajes para su alma. Este hombre no parece buscar nada. Hongos, musgos, bayas, hojas oxidadas y cortezas húmedas aparecen ante sus pasos y él saluda con gusto su presencia, agradecido, pero no recolecta.

Sin embargo… recuerda de pronto que la palabra bosque venía de *buscare*, y cae en la cuenta de que quizás, sin enterarse, también él se encuentra allí en busca de algo.

La zona que recorre concluye en un profundo corte del terreno más allá del cual el arbolado clarea y el suelo aparece salpicado de peñascos que a menudo se encadenan. Está en una frontera. Más allá del barranco que aparece ante sus pies, lo que se muestra es serranía… Y algo que llega desde ella le descubre aquello que, en lo más obscuro de su sentir, tal vez deseaba: un aullar de lobo que, desde la lejanía, le advierte de su presencia y, sobre todo, le habla de la proximidad del invierno. Y de sus avisos y promesas.

Nuestro hombre, ya mayor, y cuyas carnes comenzaron hace tiempo a pagar facturas y peajes, teme el invierno. Teme el frío en sus huesos. Teme las heladas y teme la llegada de la fiebre. Pero al mismo tiempo, ¡y de qué manera!, desea la llegada de *ese* invierno.

Sabe que será en invierno cuando el lobo saltará hacia su bosque. Y que vendrá en su busca. Y al encontrarse, hablarán, sin palabras, de cuanto de verdad importa.

El hombre ha hecho el balance de su paso por la tierra. Se irá con lo puesto. Pero aún le hablará al lobo de que un día fue joven, de que bebió vino y leyó libros, de que procuró la belleza y luchó por algunas causas perdidas.

EL JARDÍN EQUIVOCADO

A todo inventor le tiembla la mano si piensa en el alcance incierto de sus hallazgos. Como el famoso temblor de la mano del Tiziano viejo, cargada de pintura cuando pintaba *El suplicio de Marsyas*. Pocas veces experimenté una emoción comparable a la que me produjo la contemplación de este cuadro…; salvo, quizá, su *Retrato de Carlos V en Mühlberg*. Me pregunto si Georg Trakl llegó a verlo, porque parece pintado con «el purpúreo vino» del poeta. O si este cargó su pluma en la purpúrea atmósfera del cuadro.

Todo artista verdadero cosecha siempre la derrota, pues su ambición apunta a lo inalcanzable.

Lo suyo es la desnudez, la intemperie, la oferta. Hay día para los cuadros grandes de grandes vuelos, pero llegan también esos momentos impagables en que el corazón desbocado ordena a la mano doblegarse al imperativo de un coágulo en el bucle de un segundo de esplendor. Así nacen a veces las orquídeas, las perlas, las llamadas obras de arte... Así ocurrieron las cosas en esta extraña mañana. Al borde del hallazgo cargado de peligro, al filo de un abismo, a un paso del camino sin retorno.

A la sombra del árbol del sentir, en el ardiente refugio del pensar.

Rodeado al fin, de certezas largamente ansiadas. Vecino constante de la suave lana de los sueños inducidos, de la caricia del láudano, de la dulzura del herbazal en el que cunde el acónito. Sentado en la arenosa cuneta de algún camino, aún inexplorado, escapado de alguna grieta de la memoria

Ofrecido al sol, que declina, del deseo del Deseo. Ajeno a otra esperanza que la de no volver a esperar nada. En el apogeo de la más delirante veta de íntima liberación. Al amparo de sufrir duda.

Bailo entre los brazos de una bruma que nada cura ni promete. Pero la música que nos rodea es la del coro de unas llamas amigas… y son las vísperas de una partida.

Perséfone aceptó aquella ofrenda, abrió sus labios al puñado de granos de granada. Se los ofreció el Invisible. Aquel bocado que llenaba su boca de un carísimo mosto, la ataba al Hades… pero la convertía, a la vez, en su señora.

Los campos esperan su retorno. Se acercan las templadas horas de las yemas a punto de abrirse… y de la hierba que prende en silencio, nutricia, viciosa. Un ruidoso deshielo hace nacer arroyos por las faldas de todas las montañas.

Lo digo porque estoy en los preparativos de un viaje. Y de la celebración de un banquete.

Un cuervo albino trajo la invitación. Habrá vino y música. Cantará un ruiseñor de plumaje muy fosco. Y la muchacha de los pechos en llamas interpretará, sobre una viola, una partitura escrita sobre cenizas de estramonio.

Podré hablarle a Perséfone al oído. Decírselo de una vez. Hacerle la pregunta hoy coagulada en mi pecho. Tan solo ese trámite. En estos días ella pasea su blancura entre las negras frondas de sus jardines de silenciosos cipreses. Sobre la mesa de mármol una mancha de carmín quemado parece querer hablar. Un signo sin código entre la escritura y la pintura interpela a quien repara en su presencia. Pink réquiem. Coágulo de vida. Último nudo. Voz lejana. Confesión. Rubedo.

Estro armónico. La inteligencia de la música en manos de los inspirados por un daimon vibrante, por un sorbo de exceso en la experiencia de los límites.

He regresado a la cerca de los asfódelos. La lluvia ha repintado las piedras y el musgo cunde por todas partes. Verdes, de tan vivos y tan brillantes, como si estuviesen recién esmaltados.

Aves rapaces, asnos, un raposo, cigüeñas… pueblos que se vacían, una desidia que va calando en lo más hondo de la gente del campo, como la acedía que se apoderaba de aquellos sacerdotes que iban perdiendo la fe a causa de su creciente aislamiento.

Me devuelve a casa la estrella de la tarde. La que reúne, al anochecer, todo aquello que el día dispersó. Camino pensando en la inutilidad del arte en lo que a hacernos mejores se refiere. Y en el fracaso de la filosofía en cuanto a orientarnos políticamente.

Seamos simples librepensadores. Pequeños y fuertes. Resistentes desde nuestra condición musgosa. Livianos en el pensar e intensos en el sentir.

Me preguntan, a veces: «¿Para qué escribes estas cosas?». ¿Por qué? ¿Le interesa a alguien la respuesta de la que yo mismo dudo?

Llego al estudio. Abro a obscuras la puerta. No quiero dar las luces. Siento sed bajo la lluvia. Y el recuerdo de los asfódelos me lleva a buscar, a tientas, el aparato de oír música: estro armónico. ¡Una dosis caballuna de belleza punzante!

Hemos buscado la compañía del árbol, la amistad del río, el abrigo de las grandes rocas, la bondad del musgo… y hemos tenido su compañía, su amistad, su abrigo y sus bondades. En el amor lo hemos querido todo, y rara vez, sin embargo, el amor nos ha deparado la generosidad del árbol, ni la hospitalidad del río ni la firme certeza de la roca ni la oferta bienhechora de un lecho de musgo.

Nada tan doloroso como descubrir, en el mismo segundo, que lo que abrazábamos en nuestro regazo como un talismán solo era un espejismo, y que la sed de antaño seguía allí, y amenazaba ya la digna continuidad de nuestra vida. Los viajeros silenciosos, los jugadores, los borrachos sufrimos en más de una ocasión el ardor irresistible del deslumbramiento y el posterior desgarro de la decepción.

El artista es, sencillamente, quien habita en el espejismo, quien olvida su peligrosa sed haciendo arder sus venas, quien reta a la Muerte desde el Deseo. El que, según Bataille, es «capaz de convertir la angustia en delicia».

Para quien dirige las suelas de sus botas hacia suelos de no retorno, para el cazador viejo que ahora vagabundea, desarmado y sin perro, por los más sombríos confines del sotobosque, para el que escribe estas atolondradas confidencias, el inesperado soplo de un Eros tardío, tan tenaz como tierno, y que nada reclama, se convierte en una suerte de canción muy queda, en una voz que dice y que no llama, en canto llano.

Despido paisajes, ensayo el paso para la partida hacia el gran sueño. Árboles tan antiguos, ramajes solemnes, coros, polifonías: el bosque es pródigo y maestro.

Es hermosa esta errancia, echado a la deriva: el graznido de grulla que rasga el espesor de las últimas nieblas, el frescor de los troncos, los peces del remanso, la sierpe temerosa, los rosales silvestres, amigos de otras horas, que hoy contemplo jadeante y cansado... Tal vez deba ya dejar de escribir de estas cosas. Pero hacerlo es como beber o leer. Beber, por el frescor, por el sabor, por la ebriedad... Leer por el saber. Voluptuosa combinación.

Pan reciente en la boca del pobre. Y yo qué sé...

Vuelvo a las imágenes de la pintura monocroma china, la de los «pintores de la vía excéntrica». Precisión en la libertad, accidente en lo magistral, perfección en la errancia. Qué admirable. Qué placer inmenso este viaje silencioso al poder de la tinta. Me inclino ante el trazo del sabio.

Tal como lo concibo y practico, la pintura tiene mucho de viaje nocturno, de viaje sin retorno a lomos de un animal poderoso que avanza con miedo, enfrentando a tientas la obscuridad circundante.

Pero hay una vez en la que, al final de la noche, no llega el Alba… sino la Noche. La entrada en la Nada. Uno abre los ojos al vacío. El aire huele a trufa negra, a un gas malsano. A oxígeno azufrado. Después nada olerá a nada.

La pintura es el relato de lo que ocurre durante el largo viaje del existir. Imágenes de toda condición, lugares a veces luminosos, a veces enigmáticos… Toda la historia de la pintura parece inmersa en esa dualidad, en esa dialéctica del claroscuro, de la tinta respondiendo al blanco, gris y negro de la Vida.

He arrojado al fuego el mapa de todos los caminos, he quemado planos y apuntes, no llevo conmigo carta de navegación. La definitiva tirada de dados aguarda en el aire. Surco las aguas del que marcha hacia la guarida del tigre cebado, hacia el palacio del último invierno, hacia el salón del último baile.

Abrazado a mi propio sino intento vislumbrar la costa. La voz pegada a mi oído solo repite: ahora, ahora, ahora...

Voy al encuentro de lo prometido, de lo más secretamente guardado. Me espera el regazo de una nueva estancia interior que toma cuerpo en la opacidad de un nuevo Deseo.

Relámpagos constantes iluminan la penumbra de lo salvaje de este tránsito: pared de oro alcanzada por la antorcha del furtivo.

Recuerdo una vez más las vendimias de antaño, el bulto y el peso de los racimos sobre las manos abiertas. Y el rebosar de los cestos sobre los carros de madera.

Nunca vi color semejante al de aquellas uvas recién cortadas. Nunca sentí con tal claridad la presencia de lo mistérico en lo natural. Como una herida floreciendo en el cuerpo mismo de la Belleza.

Tal vez la última razón de cuanto hago no sea sino el intento de regresar, siquiera por unos instantes, siquiera mediante ese simulacro que llamamos arte, a revivir momentos semejantes.

La ventana está abierta. Cantan fuera los pájaros que renacen en el ocaso, zumban las abejas que han libado el beleño. Su ebriedad me acuna. Sus revoloteos son de despedida.

Oigo tambores como los de la niñez. Profundos cilindros del desfogue. Hondo tronar tan bello. El vello erizado.

Mi cuerpo no obedece ya a mi mente. Trabaja por cuenta propia. Y es fijo discontinuo en sus quehaceres… ¡Adónde hemos llegado, amigo Carlos!

Quiero decir con ello que ahora, cuando inicio un cuadro, siento con toda fuerza y claridad que mi cuerpo, mi mano sobre todo, parece cobrar más y más autonomía respecto de las intenciones que presiden el comienzo de las sesiones de trabajo. Comienzo en una dirección y… las imágenes que mi mano va poniendo en juego parecen cobrar vida propia y ¡salirse por peteneras!

The wrong garden, proyecto inspirador de buena parte de mis cuadros actuales, se va completando con nuevas piezas, y las paredes del estudio rebotan sobre mi menguada anatomía una fronda cargada de una energía de la que siento carecer…

¿De dónde vienen estos cuadros? ¿Quién me

los regala? ¿A qué fuerzas obedecen y parecen dar también respuesta?

Animista sin saberlo, buscaba el abrigo de las arboledas, el abrazo de las aguas del río, el sabor inquietante de los frutos silvestres, observaba durante horas el tozudo deambular de las hormigas, escrutaba el misterioso espejear del sexo de las yeguas, interrogaba la satinada luz de los ojos de los besugos, me sumergía desnudo en los montones enormes de los granos de trigo, bebía leche recién ordeñada, también vino, y caminaba campo a través, desdeñando el curso de los caminos. Procuraba la proximidad de los animales no domesticados.

Solo a veces llegaba hasta la permanente penumbra de una hondonada por la que se despeñaba un arroyo entre una espesa fronda de zarzas, rosales silvestres, alba espinos, juncos, y altos bosquetes de cardos. Era allí donde, en ocasiones afortunadas, llegaban a hacerse sentir, con toda intensidad, la agitación y las calmas contenidas en ese dolor tan delicado y adhesivo. Lo llamamos Belleza.

Recuerdo la aspereza y el perfume del lechoso zumo de las hojas de la higuera cortadas por manos indecisas. Eleusis quedaba aún muy lejos. Pero ya estaba entrando en el recién descubierto territorio de las sombras y del secreto. Aprendiendo de resplandores y murmullos, dando los primeros pasos por lecturas reveladoras, asombrado ante los amargos aprendizajes de la historia, turbado por aquellos primeros contactos con el psicoanálisis, desnudo frente a lo que llamaban «la realidad».

¡Ah, tiempos de hallazgos y de asombros! Creció después en mí el árbol del pensamiento. Y algunas de sus ramas dieron frutos sumamente atractivos, desafiantes, liberadores: fueron los primeros contactos con aquello que llamamos Arte, que vino a apoderarse entonces de mi modesto existir.

El rubicundo Apolo cervantino inaugura los días y regala en cada Aurora el entusiasmo del renacer. El crepúsculo, en cambio, es cosa de Dionysos, algo que nos habla, desde las alturas de lo trágico, de lo perecedero. Solaridad y luz frente a la penumbra inquietante que el barroco, en su registro más descarnado, pone en escena al final de cada día.

Rubens encarna, como ningún otro, el fulgor de lo que se inicia, y el estruendo de la luz derramándose sobre dorados cabellos y carne nacarada que es alfa de todo: aurora, alba, amanecer. Apolo.

Un Tiziano crepuscular que mete sus dedos en pigmentos y óleos, que le mete mano a la carnalidad de la pintura, nos conduce al encuentro de Velázquez —el barroco español en su cenit—, que se entrega a la expresión más intensa y desnuda de lo elegíaco, la sublimada melancolía que toma forma de incendio en todo Ocaso: *La Venus del espejo*, *El triunfo de Baco*, *El retrato del papa Inocencio X*.

El suplicio de Marsyas, de Tiziano, pintura extraordinaria, muestra a Apolo, cuchillo en mano, desollando vivo a un pobre sátiro… con música de fondo. Es un Apolo descendente. Es el relato acerca de un crepúsculo sobre el que la Muerte proyecta su manto de carmines: muerte-vida, o sangre-vino; un cuadro que atraviesa los estilos, que desarticula los órdenes. Es un Apolo poseído por un furor más propio de Dionysos. Sangre a cántaros. Perro bebiendo sangre.

Dionysos no promete nunca. Un crepúsculo es una hoguera que siempre podría ser la última hoguera. Su final es impredecible. La vecindad de la Muerte está en lo esencial del barroco junto a la noción de exceso: aquel en el que el trance báquico intenta conjurar la extinción. Cada crepúsculo solo anuncia la venida de la Noche, el Lugar del Sueño. Y nuestro terror nace por la sospecha de que llegará la ocasión en que, tras la travesía nocturna, no nos esté esperando la blancura del Alba sino la palidez de la Muerte. Madre blanca.

Aquellas ramas que refrescaban con su sombra los juveniles ardores son hoy leña que trata de dar calor a estas flacas carnes de la edad que vuela.

Nada hay que lamentar ni que temer... Alguna cuenta pendiente, alguna idea que se quedará sin tomar forma. Desaparecer entre llamaradas. O regresar a la negra tierra nutricia.

Sentado sobre lo que va quedando del árbol caído, contemplo el ir y venir de las nubes, de los pájaros, de los sueños... ¡Y el ir y no volver de los días, veloces como liebres!

Las frecuentes amigdalitis de la infancia, propicia-
das por el duro clima invernal de la ciudad en que
vivía, cursaban con fiebres muy altas. Pasaba en la
cama esos días y en la habitación recibía todos los
cuidados que mi madre podía darme.

Mi padre apareció un día con una caja grande
de cartón de la que extrajo, después de abrirla ce-
remoniosamente, un aparato que posó sobre un
mueble y conectó a la red eléctrica. Su encendi-
do fue emocionante. Antes de llegar al enchufe el
cable pasaba por un voltímetro. En una pequeña
pantalla del mismo aparecía una aguja que baila-
ba entre números romanos pugnando por rebasar
una línea roja, cosa que mi padre impedía haciendo
girar un botón. El aparato de radio se nos antoja-
ba de una gran modernidad y perfección, llamaba
mucho la atención el brillante tejido que recubría
la parte frontal, de un material flexible, perfecta-
mente tensado, del que brotaban voces y música.
Pequeñas letras luminiscentes mostraban sobre una
zona acristalada de la parte inferior los nombres de
las grandes ciudades del mundo, como promesas
de algo que me esperaba: Stuttgart, Milán, Tokio,
Los Ángeles… Unos mandos redondos permitían

con sus giros sintonizar alguna emisora concreta entre la algarabía de opciones, a menudo superpuestas, que excitaban intensamente mi imaginación. Voces en todos los idiomas, músicas nunca escuchadas, noticias, anuncios, sermones... emanaban de aquella fascinante radio que suavemente rompía la oscuridad de la habitación cuando caía la noche, inundándola de una luz mentolada casi medicinal.

Cuando la fiebre subía, mi madre me traía la radio, buscaba con parsimonia una emisora de música clásica y cerraba la puerta sin hacer ruido. Esa fue mi iniciación musical, asociando para siempre, en mi interior, las armonías y movimientos del *ars sonora* con los efectos de la fiebre y con una cierta sensación de delirio y de íntimo privilegio. Pronto comencé a distinguir la llamada música sacra de todo lo demás. Y se abrió con ello, de forma fluida, una pasión que ha llenado no pocas de las mejores horas de mi existir.

Hubo un pintor que solo pintaba caballos. Negras siluetas de caballos pintadas en tableros de madera sobre los que extendía, con las manos enguantadas, espesas capas de alquitrán.

Una vez enfriada y seca, aquella suerte de nata carbonizada parecía seda. Una nevada de seda negra. La seda más perfecta, creada para cubrir carne en celo.

Aquel pintor tenía un caballo negro, grande, hermoso, al que amaba como a su mejor amigo. El día en que nació le puso de nombre Humo.

Cuando un sueño le reveló la proximidad de su muerte, preguntó a Humo si querría que pasasen juntos el trance del sueño eterno, cabalgando *al otro lado del musgo*.

Se dirigieron hacia el río, donde conocían unos meandros algo pantanosos que formaban un herbazal salvaje, y buscaron el acónito, el estramonio, la cicuta… Se revolcaron en el verdor letal como en un bautismo invertido.

A poca distancia, una pira de leña seca aguardaba su cremación. Dos hombres habían sido pagados para llevarla a cabo.

Humo, brasas, carbón… el mejor de los cuadros.

Seda y sangre. Ceniza. La Pintura.

Llega un mal día en el que aquel oloroso bosque, de senderos antaño recorridos gozosamente, se transforma. Muta en lugar malsano. Los animales que ahora lo cruzan son grandes y cautelosos. Comen carne de la que se apoderan sin compasión.

Así es la enfermedad. El *locus amoenus* que fue nuestro cuerpo, se torna *lucus*, lugar amenazante. Y dolores de diversa especie hacen su aparición, amedrentan, acosan y se invitan, carroñeros, sin recato alguno.

Mientras haya un respiro habrá pintura, me prometo. Pero los días de tregua van siendo ya solo horas. Aun así, negros, pardos, blancos, azules, entran en escena y mantienen a raya a los cerdos cetrinos del dolor, a las pardas alimañas del desaliento, a los blancos osos de los hielos letales, a los azules tóxicos de ciertos ofidios, y reclaman la llegada de la benigna leche de las plantas.

Un buitre albino, un cisne del color de la sangre, el púrpura y el cadmio del plumaje de un monstruo, la ceniza rosada de las rosas quemadas, un esqueleto de letras rotas… La pintura está donde uno decide verla. Aparece como un pellejo abandonado a su suerte por alguien que acaba de irse a los infiernos, como un moho que crece sobre la carne de quien yace en el suelo, tras vencer en la batalla, malherido y sufriente. La pintura es una esponja que juega, sucio contra limpio y luz contra sombras, intentando purgar lo indecible de una pasión carente de ancla.

La pintura es la postilla en la sutura, el rastro de tiza en el encerado recién borrado, el verdín del presente sobre las letras lapidarias del antaño. El pintor es Acteón devorado por sus propios perros, culpable de haber visto lo que no debería: la desnudez de la diosa cazadora, carnicera, virgen. La diosa que guardaba en sus cuadras yeguas que comían carne.

Veo imágenes de la guerra en Ucrania, de los efectos de la inundación en los pueblos de Valencia. ¿Cómo no pensar, desde una mirada entrenada en el arte contemporáneo, en todo cuanto contienen y nos muestran tales imágenes de destrucción, de visiones del caos, de desmesura en la destrucción y el aplastamiento?

Miremos con renovada exigencia. Prestemos la

mayor atención de la que seamos capaces. Reflexionemos desde una contemplación *artística* sobre todo ello, para posicionarnos mejor ante el horror de lo imperdonable. Intentemos ser, en alguna medida, eficaces desde nuestra condición de artistas. No seamos transigentes ni callados ni tibios: la búsqueda de la Belleza conlleva el permanente combate contra la fealdad, hija del mal, contra los actos de los intolerantes, de los totalitarios, de los injustos. La fealdad es la morada de la ignominia. Quienes se recrean en ella son los apestados de la historia.

Los perros del infierno tienen el interior de la boca como pintado de un blanco purísimo, de un blanco de plomo, mate, uniforme, húmedo. Se alimentan de una leche que contiene esencia del caos... y a veces su infame condición les lleva a conocer la leche negra de la que hablaba el poeta suicida.

Hay infiernos. Muchos y de muy diversa condición. Demasiados. A quien muchos llaman «el Todopoderoso» quiso ser generoso creando infiernos, diseñando lugares insufribles... pero alguien supo crear gentes capaces de reír inmersas en el dolor, de cantar entre llamas, de ingerir lo peor entre lo espantoso con humor y deleite, como quien bebe vino, como quien cuenta para sus amigos, entre carcajadas, historias llenas de ingenio transgresor y de saludable obscenidad.

Reír, tratar de reír, no dejar de reír… ese es el mandato. La verdadera forma de resistir.

¿Será el arte una suerte de risa? Así lo pienso. Por su poder de conjurar la zarabanda de indecencias que se hace patente ante la proximidad de la Señora…

Después ya nada importa. Los libros permanecerán reposando en sus estantes como pájaros en un cable. Se echarán a volar de vez en cuando y harán oír su canto cuando alguien pose en ellos su mirada y su mano.

Los cuadros, la música… recordad la risa que contienen. Cuando gocéis de ellos no olvidéis nunca esa risa que se superpone al aullido de los lobos de la boca tan blanca.

«—¿Por qué te deslizas a escondidas y de manera esquiva en el crepúsculo, Zaratustra? ¿Qué es lo

que escondes con tanto cuidado bajo tu manto?
¿Es un tesoro que te han regalado?

—En verdad, hermano mío —dijo Zaratustra—, es un tesoro que me han regalado: es una pequeña verdad lo que llevo conmigo.»

F. Nietzsche

EL OTRO LADO DEL MUSGO

Color cifrado. Rojo lecho.
        Sentidos alterados hasta la ebriedad o la náusea.

Deseo de un Deseo hijo del Sueño.

Nado en la dulzura del analgésico y hallo en su regazo una Nada antes desconocida.

El Mal, de pronto, tan cercano. Este Mal. Y el otro. Y el de más allá

¿Y cuál es el momento en el que cabe hablar del Horror? Cuando sentimos que deseamos ciegamente lo que más habíamos temido: la llegada de la Muerte.

En el dolor extremo, bajo lo insoportable de la tortura o en el rigor de la enfermedad, llega el Deseo de Ella. Soñar el Sueño eterno, pasar al Más Allá, entregarse a mejor Vida.

El monje pintor *Corazón abollado* nunca temió a la Muerte. Durante su viaje de iniciación conoció las costas y el archipiélago. Una tarde, comenzado el crepúsculo, supo de las cuatro iluminaciones: Eleusis, Dionysos, Perséfone, y de la escena pintada en lo más profundo de una cueva impregnada de lo sagrado.

Cuando el trance del Dolor alcanzó al monje pintor, le encontró preparado para su abrazo; desnudó su cuerpo, observó sus escasas carnes en un espejo, bebió vino, escribió a Perséfone.

Obtuvo respuesta. Acordaron los detalles del encuentro.

Viajando hacia allá escribo estas líneas. Según Ella debo hacer aún un par de recados. Puedo llevarlos a cabo mientras viajo.

Escribir había llegado a convertirse en una más de esas acciones que consideraba de expulsión y limpieza, como orinar, eyacular, vomitar… o la hemorragia. Escribía, y obtenía con ello una *pérdida liberadora*, algo depurativo, lo gratificante de la purga… pero también dejaba sembradas, en algunas de las más ocultas recámaras de mi agitado ser, importantes cuantías de vulnerabilidad y extravío.

En la Pintura sí se materializaba, en toda su crudeza y de modo tangible, la operación de *eliminar dando a luz*, de alcanzar lo sublime alzando el vuelo desde la obscuridad del detritus, desde el fértil estiércol y el humeante hedor de las heces. La mejor Pintura, como las orquídeas, cunde en la penumbra, el calor, la humedad y el negro humus. El calor de las grandes pasiones de El Bosco, Vincent Van Gogh, el Greco, Mark Rothko. La humedad viciosa de los grandes inspirados, de Piero della Francesca, de Miguel Ángel, de Diego Velázquez, de Pablo Picasso, del Miró de sus mejores horas… ¡y del portentoso Jean-Michel Basquiat!

El único oro que poseo es el de una delgada alianza.

Mi color inicial es el negro. Vengo del lugar al que ahora me dirijo.

Utilizo con frecuencia el color negro en mi pintura. Evidentemente, no es una cuestión de economía puritana, dado que en nuestra cultura se asocia el negro con el atrezzo propio del ajetreo erótico, con el vestir y la juguetería habitual en los avatares de la libido; y es un color que, junto con el dorado, relacionamos con el mundo del lujo, los trajes de fiesta, los envoltorios de los regalos caros, los códigos cifrados de cierto mobiliario...

Negro es el color de la Muerte y el de su cortejo. También el de nuestros más enigmáticos sueños, las más secretas estancias de nuestras noches más obscuras... Y a través de todo esto, impregnándolo, el negro invade el espacio de muchas de mis sesiones de pintura, derramándose sobre el soporte elegido como una nieve inversa que abre las puertas que conducen a un territorio ni siquiera presentido, y despliega ante mi mirada formas e imágenes de lo indecible, de lo trágico a lo sublime... Es un ofrecimiento, destinado a conjurar la incertidumbre, que desvela nuevas estirpes de temores, de deseos y deslumbramiento.

Se trata del esplendor sereno que trato de cosechar y ofrecer con y desde la pintura.

Un jardín es siempre, al igual que un cuadro o un fresco, un lugar de simulacro. Buscamos, en cada jardín que visitamos o creamos, el regreso a aquel paraíso del que fuimos expulsados en un antaño polvoriento y callado.

Un estanque es un lugar de inmersión en lo oculto. De redención, de efervescencia bautismal que tiene lugar en su espesor de espejo, en el negro contra azogue en que viven peces y cunden frondas que buscan su verdadera dimensión.

Un desván es un pasaje a ciertas estancias de la memoria, un desafío, una cosecha de letras selladas. El lugar donde cayó el rayo.

He pasado muchos años tratando de construir mi espacio en un proceso continuo, de desarrollo, desde aquel expresionismo abstracto que sirvió de faro a mis búsquedas juveniles. Admiro aún los logros de sus protagonistas, reconozco lo asombroso de cuanto fueron capaces de llevar a cabo y acaricio con sumo placer la idea de un improbable retorno de cuanto en aquella aventura hubo de imperecedero, de fuerza seminal: como una vaina que aguarda durante siglos su nuevo tiempo.

Tal vez mi trabajo sea algo semejante al quehacer de los buzos: descender hacia el enigma, hacia la obscuridad cargada de frutos insólitos que esperan, mientras alguien bombea oxígeno y vigila, paso a paso, desde la superficie iluminada por el sol o la luna, que tenga éxito el empeño; la creación, en mi caso.

Hablo de esa fosforescencia de la luciérnaga. De lo epifánico en la turbulencia del existir, de la delicia hallada en la carnalidad de la angustia.

Es tiempo de cenizas. De fuegos de diversa naturaleza. Negro carbón y rojas brasas. La quema de sarmientos, la quema de las flores que murieron. De la hojarasca, de los sobrantes de las podas. La quema de rastrojos en otoño.

El carboncillo del dibujante.

El negro de humo del pintor.

El de la fogata de quien busca calor.

Vivo entre fresnedas y robledales. «Tierra de robles, tierra de pobres», se decía. Los amarillos de los fresnos brillan bajo la lluvia soleada de un noviembre cargado de amenazas y promesas. Son el oro que danza en el oscuro espesor de los verdes perennes de estos montes. *Rire jaune*. Enorme flor montuna, toques del rojo de cadmio, rosales silvestres que exhiben sus frutos.

Algo más lejos, pero no tanto, otros fuegos devoran futuro. Y siembran lo innombrable. La guerra, el odio, la muerte… a granel. Sin techo ni cercado. Otros negros en danza. De metales pesados. Plomo. Acero. Los bellos negros del cobalto o del cromo. Aquello que expira. El luto. Los embalses sin fondo.

Un negro nuevo, hijo de las nuevas tecnologías.

Para el pintor que piensa y siente acerca de todo ello, hay estancias repletas de negra memoria. Detenemos el paso. Negro sobre negro, lo real y lo pintado, lo más inexorable de la vida. Final. Extinción.

Danza de la muerte.

Emprendamos un recorrido a través de todos los negros de la historia del arte, gozosos unos y otros extraídos del luto, de la esencia misma de la voluntad de exterminio, del consumarse el fuego que culmina sus tareas.

Cae de pronto, sobre todos nosotros, un inesperado caudal de incertidumbre al que no sabemos cómo enfrentarnos. Nos envuelve al principio como una bruma, pero su creciente espesor la va convirtiendo en un pellejo pesado que no logramos soportar. Es un nuevo episodio del rodar de la historia. De algo que los humanos iniciamos y que sentimos que nos está asfixiando sin que nos demos cuenta.

La guerra es el fracaso de nuestra inteligencia, el fruto de nuestra cobardía, el balance de una existencia errónea. No hemos sabido hacerlo. Y lo pagaremos muy caro. Nuestra carne rezará llamando a la Muerte.

Lo hicimos mal. Lo hicimos mal… Lo estamos haciendo mal.

Lo ignorado duerme abrazado a la angustia. Viejas amantes.

La única certeza, la de esa inevitabilidad, viste la seda de los amaneceres, el terciopelo de los crepúsculos, la lana benigna de las cenizas de la jornada recién concluida. Huele el aire a granadas y a humo de cartas quemadas. Cartas de despedida. Juego de cartas. Cartas de pago.

Mapas, dinero, misivas, cartulinas, naipes, construcciones, letras, fragilidad, leve vuelo, cartón, cartel, cartera, carteros, carteristas. Palabras.

Hay más. Lo sé. Lo sabemos. Lo ignoramos.

Lo que ahora sé, lo que he contraído en la estancia recién concluida, llega algo tarde. Todo indica que las heladas de la adolescencia, las precipitaciones primaverales, y ciertos veranos abrasivos, cuestionaron y sabotearon mis tareas recolectoras cuando llegó su momento… Y fui entonces cazador, solo lo justo, pero en tales percances tuve guía. Alguien de grandes alas purpúreas.

Aplico estos avatares a mi quehacer de pintor: algo que llevaba años sospechando, se revela de pronto. Como se desnuda ante uno, por primera vez, quien va a ser su amante…

Descubro en estos días algo que queda dicho, al menos en cierta medida, en la ejecución de los últimos cuadros: esa carne cifrada, esas aguas batidas por los últimos golpes de remo. Hay algo, punzante y hondo como toda Belleza, más allá de una Pintura que busca su posible razón de ser. Algo que se baila a ritmo de fandango, la música del *fatum*, del Destino.

¿Qué música de fondo pondríamos a nuestra muerte, cuál sería la banda sonora de nuestro baile con Ella?

Lo que ahora importa es el ya anunciado encuentro con mi amada Perséfone. Lo que cuenta es encontrar la partitura adecuada a tal evento. En ello andamos. Y en cuanto a mi Pintura… brota ahora de una fuente nueva, de alta sonoridad, inspirada e inspiradora, ¡«dando a luz una estrella danzante» fruto del Caos anterior!

Pintar es un sucio oficio. Las manos del pintor chapotean entre pigmentos y aglutinantes mientras su mente se empoza en la búsqueda de algo indecible, de un barro reescrito allá donde el fracaso del verbo materno exige un lenguaje «de otro orden».

Sucias regiones de la memoria y del deseo abren sus puertas a quien aspira a ser poseído por un estro no siempre armónico. El daimon de la inspiración bate sus alas y, por fin, alcanza uno a intuir hacia dónde se dirige. O eso cree. Montado en la vieja maquinaria de la experiencia de lo vivido, espero el momento de la hoguera que todo lo descifra. Llego a ello sin miedo ni esperanza. Dulcemente agotado. Con la mirada abierta a esos aspectos de la realidad que anteriormente me estuvieron velados. Es un caminar que exige poco esfuerzo, tan solo algo de templanza, pues la inminencia de un absoluto sin posible retorno ni rectificación hace de ciertas situaciones algo no tan difícil de afrontar.

Retomo en estos días una vieja lectura, los *Cantos de Maldoror*, literatura de adolescencia, desquiciada, lúcida, flujo de lenguaje cuyo arcaísmo, o vanguardismo, nos conecta con un pensamiento que fermenta antes de llegar a tomar posesión de su propio cuerpo, y que se hace eco de una voz sangrante y elevada… Me topo allí con esto: «el dolor que me causaste no podrá compararse con la felicidad del saber que quien me hiere, con su mano homicida, se sumerge al hacerlo en la turbulencia de una esencia más divina…».

Llueve. Llueve uno y otro día. Y la lluvia que cae tiene algo de urgente y desorganizado que pone en el ánimo un sentir taciturno, casi elegíaco. Se diría un anticipo, un retazo vibrante de pequeño esplendor… inspirador paseo llevado de la mano de un Epicuro algo sombrío. Lucrecio.

Hablo de aquellos que parecen existir en una permanente inmersión en la Noche, del perfil de quienes vagan a través de lo que duele y reta, del enigma y la incertidumbre, del pensamiento inclemente. Sin otra brújula que la entrega a una decidida voluntad de convertir el plomo de la angustia en el oro de cuanto nos conduce a recibir esa punzada, dulzona y obscura, de la salvación por la Belleza.

Hablo, y soy consciente del carácter casi residual de estos argumentos, de cierto tipo de artista, de aquel o aquellos que aún actúan bajo el imperativo de su propia pasión, ajenos a otros requerimientos que no sean los que hacen productivos sus frecuentes naufragios y sus, no tan frecuentes, momentos de esplendor.

Hablo, o al menos lo intento, de la más ambiciosa voluntad de goce: la que se halla en la ebriedad de ese tránsito que llamamos Vida y que no es más que una invitación a la ingesta de unos granos de granada en compañía de los dioses de lo profundo.

Hace algunos años, al llegar al estudio donde acudía a esperar a los transportistas que iban a cargar los cuadros para una exposición, encontré ante la puerta, como surgida de la noche a la mañana, una pequeña planta de estramonio con su primera flor ya abierta: una especie de cáliz, alargado, de un indescriptible blanco violáceo. Viví aquel hallazgo como un saludo, como un presente que la Naturaleza me ofrecía. ¡Y lo agradecí!

Al año siguiente, a primeros de marzo, cercana ya la fecha de mi cumpleaños, observé, a través del cristal de una nueva ventana que había hecho abrir meses antes, que un rosal silvestre se alzaba con valentía entre otras plantas vivaces traídas por los azarosos mecanismos de la nueva estación. Como amo los rosales silvestres, y la visión de sus frutillos, los escaramujos, al final del verano, constituye para mí la más delicada e intensa experiencia botánica de cada año, viví aquel momento como una emocionante promesa que agradecí también y que saludo cada año al ver aquel arbustillo convertido en una verdadera hermosura.

Este año el clima, en su tránsito desde el final del invierno hasta el avance de la primavera, inmerso en semanas de continuas y bien dosificadas lluvias bendecidas por generosas temperaturas, ha dado como resultado una atmósfera de humedad fecunda y como adhesiva en la que toda vegetación parece prosperar, y que en estos exhiben una abundancia que los antiguos calificaban de viciosa, en que cada planta intenta imponerse sobre las otras y proclamar la llegada del momento del esplendor.

Observo conmovido esa riqueza circundante y descubro que entre blancas masas de saúcos, flores de toda gama, misteriosos asfódelos, lívidas papaveráceas, orquídeas y beleños... se abre paso una alta umbelífera que alcanza desarrollos desconocidos por mí: la más que famosa cicuta, cuya presencia en los albores de la historia de la Filosofía y de la Medicina todos parecemos conocer.

Junto al rosal silvestre, como abrazándolo, como iniciando con él un paso de danza, la eclosión de esta imponente mata de cicuta parece ser el modo en que este año me saluda la generosa Natura, empozándome de paso en un montón de interrogantes... para los que creo ir hallando ya respuestas.

Toda vida de artista tiene algo de naufragio. Cuando la nave se estrella contra las rocas, toda su arquitectura se desgarra y fragmenta: bellos pecios flotan sobre la aguas, viajan a su manera y siembran en otras playas una belleza nueva y melancólica. Odiseos menores, eso son los artistas, navegantes sin isla propia, buzos involuntarios, pescadores sin cebo ni licencia, vendimiadores furtivos, segado-

res apresurados bajo las tormentas del verano, re-
colectores otoñales. Así me siento.

Todo paisaje es un desnudo. Lo dibuja la sed de
alguien que, en guerra con la angustia, se entrega
a aquel Deseo que antaño fue su guía, su alimento, y hoy es impulso que clausura y reta.

Los racimos aguardan. Callan entre las cepas.
Negros frutos sagrados para la última espera.

¡He aquí algo que ninguna inteligencia no humana será capaz de producir! La Pintura nos conduce
en el tránsito de la obscuridad inicial del ser hacia
su transformación en fuente de Luz, en fuerza au-
roral y voluntad de goce.

Por esos caminos discurren los pasos del inspirado, del que mira, piensa y descubre lo transitivo,
«dador alegre», ¡portador del dios que hoy ofrece
racimos y mañana ebriedad!

Las horas del artista discurren buceando entre las algas de lo indecible, delirando sobre los enlosados caminos de lo incumplido, redactando la confesión de su propio naufragio, entregado a su herida inaugural, analizando, asombrado, el imparable fermentar que va configurando al ser hasta el momento en que se funden lo, al fin, logrado con el punto final.

Esperando a que un daimon favorable irrumpa en el estudio para entregarle su dosis de inspiración.

Comprendimos la existencia del Tiempo cuando apareció ante nuestra mirada transmutado en Imagen. Y supimos que el Arte era ese trenzado de Historia, de flujo, de dialéctica… Penetramos así en otra dimensión, en los dominios de una racionalidad Otra capaz de contener caos, de ser a un tiempo carne y pensamiento.

El Arte es exterior e interior. Se halla más allá de lo que creíamos que era el Arte.

Debemos desnudarnos hacia afuera y hacia adentro, y avanzar. Porque ese avance es nuestra única ética admisible si de verdad queremos una existencia Otra, transitiva, revolucionaria.

Salir. Abrirse. Enloquecer. Delirar. Germinar. Luchar.

¿De qué os hablo desde estas erráticas letras? ¿Qué os confieso? ¿A qué os convido?

Cae la luz, con parsimonia que se agradece, en esta templada tarde. Perséfone, desde su trono de mármol, disfruta de la dulzura del momento. Ojea las páginas de un calendario. Levanta la mano en forma de saludo.

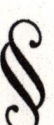

La existencia, al final, solo es una historia insig-
nificante y desencantada como todas las historias. Hasta que un día — tal vez no el último,
sino el penúltimo— por un instante reencuen-
tra su encanto, pierde de golpe su desilusión.
Aquello que ha perdido el misterio es ahora verdadera e irreparablemente misterioso, verdadera
y absolutamente indisponible.

El fuego y el relato,
Giorgio Agamben

COLECCIÓN DE LA BELLEZA